LA

Menteuse

PIÈCE TIRÉE DE LA NOUVELLE PUBLIÉE

par

ALPHONSE DAUDET

Illustrations de Myrbach

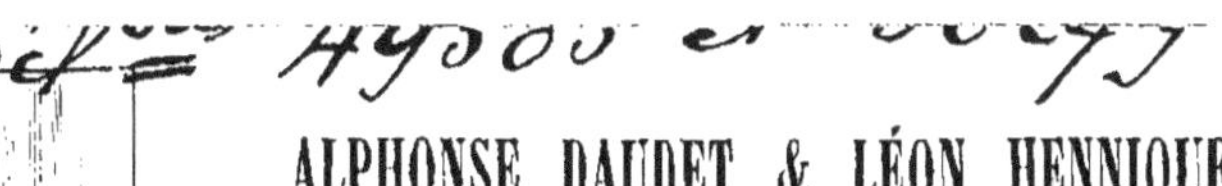

PARIS

ERNEST FLAMMARION, ÉDITEUR

26, RUE RACINE, 26

Onzième mille.

LA

Menteuse

ALPHONSE DAUDET & LÉON HENNIQUE

LA
Menteuse

PIECE TIRÉE DE LA NOUVELLE PUBLIÉE

par

ALPHONSE DAUDET

Illustrations de Myrbach

PARIS
ERNEST FLAMMARION, EDITEUR
26, RUE RACINE, 26

PERSONNAGES

Marie Deloche.
La comtesse Nattier.
Lucile de Brives.
La mère André.

Georges Nattier.
Pierre de Sonancourt, prêtre.
De Brives.
Jacques Olivier.
Un Médecin.
Un Domestique.

*Le premier acte aux environs de Versailles,
le second et le troisième à Paris, de nos jours*

Cette pièce a été jouée au théâtre du Gymnase
par Mmes Raphaële Sisos, Pasca, Darlaud,
Deshayes et MM. R. Duflos, Léon Noël,
Burguet, Montigny.

ACTE PREMIER

Chez la Comtesse Nattier.
Un grand salon Louis XVI,
au rez-de-chaussée, sur un
jardin à beaux arbres, dans
un château, près de Versailles.
Portes à droite et à gauche.
On est au printemps.

SCÈNE PREMIÈRE

PIERRE, *puis* DE BRIVES. (*L'abbé lit
son bréviaire.*)

PIERRE, *lorsque de Brives
entre.*

— M. de Brives ! (*Il se
lève.*)

DE BRIVES.

— Hé ! mais... est-ce que
je me trompe ?

PIERRE.

— Non, monsieur ; c'est bien moi, Pierre.

DE BRIVES.

— Alors, embrassons-nous.... Du diable
si je m'attendais à te retrouver en soutane,
par exemple ! Toi, le fils de mon vieux
camarade, le commandant de Sonancourt
tué là-bas, pendant l'horrible guerre....

1.

PIERRE.

— Qu'est-ce que vous voulez? la voca-
tion... puis, mon père, ma mère, disparus,
si tôt.

DE BRIVES.

— La vie n'est pas une belle chose, mon
enfant.... Mais ta vue me réchauffe, me
rappelle ton brave père. Saint-Cyr, nos
premiers galons et le reste. Comme le
temps marche! Te souviens-tu de l'époque
où je te faisais sauter sur mes genoux?

PIERRE.

— Parfaitement. J'étais d'un fier, à cause
de votre uniforme!

DE BRIVES.

— Et te voilà prêtre.

PIERRE.

— Second vicaire à Saint-Louis de Versailles, depuis trois mois; ce qui me permet
de venir souvent dans l'hospitalière maison
de madame votre sœur, la comtesse Nattier.

DE BRIVES.

— Approche, que je te regarde en pleine
lumière.... Fixe! (*Pierre se met dans la
position du soldat sans armes.*) Quel âge
as-tu, au juste?

PIERRE.

— Vingt-cinq ans.

DE BRIVES.

— Et tu confesses?

PIERRE.

— Le mercredi et le samedi de cinq à
sept. (*Souriant.*) A votre service.

DE BRIVES.

— Pourquoi pas?... Un de ces jours, si
tu l'oses. Mais nous attendrons que ta barbe
soit plus rude, hein? que ton expérience
ait grandi. Car tu me parais jeune pour
confesser. On doit joliment t'en apprendre,
certaines femmes. Il y en a de si compliquées!

PIERRE.

— Oh! allez, pas tant que ça... c'est un peu toujours la même chose.

DE BRIVES.

— Patience, tu verras! On s'imagine les connaître, toutes, facilement, et un beau matin, on met la main sur une.... (*A l'abbé, qui sourit.*) C'est comme je te dis, et je te prie d'en croire un vieux démissionnaire du 5ᵉ dragons.

PIERRE.

— Dites-moi, mon cher monsieur de Brives, si vous faisiez mon éducation, chaque fois que j'ai le plaisir de vous rencontrer ici?

. DE BRIVES.

— Nous risquerions d'y mettre le temps?... Hé?... Voilà ce que tu veux dire... et que les bois de Versailles ne me voient pas assez souvent. C'est vrai, mais je suis tellement peu mon maître... tant d'occupations variées... depuis que j'ai accepté la présidence de ce cercle. (*Mouvement de l'abbé.*) Oui, je suis président des Hannetons... et si j'avais su quelle besogne... ce que ça demande de pas, de démarches, d'ennuis, de lettres à écrire, à recevoir... (*Tirant des papiers de sa poche.*) Tiens! mon courrier de ce matin que j'ai pris en passant.... Non, la tête m'en fume. Obligé d'avoir deux secrétaires.... Bref, il y a cinq mois que je n'ai mis les pieds dans ce château, cinq mois que je n'ai aperçu ni ma fille, ni ma sœur. Je t'avouerai même que je crains d'être reçu... fraîchement.

PIERRE.

— Et vous arrivez, comme moi sans doute, sur une lettre pressante de la Comtesse?

DE BRIVES.

— Non, je n'ai rien reçu. Ce matin, en me levant, je me suis fait honte, simplement.... « Veux-tu bien aller embrasser ta fille! » Et me voilà.... Tu ne t'es pas étonné de la rencontrer ici, chez sa tante?

PIERRE.

— Mlle Lucile ? mais non.

DE BRIVES.

— Je ne pouvais la garder avec moi, n'est-ce pas ? Un veuf ! et un veuf encore vert... qui a son appartement au cercle.... Puis il n'y a que les femmes pour savoir faire une femme d'une petite fille. C'est pour cela que je l'ai confiée à Henriette, à ma sœur. Elles vont bien ?

PIERRE.

— Très bien, du moins il y a deux jours.

DE BRIVES.

— Et le garçon ?

PIERRE.

— Votre neveu Georges Nattier ? Bien aussi, monsieur le président.

DE BRIVES.

— A quand le mariage ?

PIERRE.

— Le mariage ?

De Brives.

— Tu ne connais donc pas nos projets?
Tu n'as pas vu que Georges était amoureux
de Lucile, et que Lucile?...

Pierre.

— Non.

De Brives.

— Décidément, tu es trop jeune.

Pierre.

— La Comtesse.

SCÈNE II

LES MÊMES, LA COMTESSE.

LA COMTESSE.

— Enfin, le voilà monsieur mon frère.
(*A Pierre*.) Bonjour.

De Brives.

— Ne me gronde pas trop, ma bonne Henriette... l'abbé pourrait te dire... qu'il n'y a pas de ma faute.

Pierre, *étonné*.

— Moi?

De Brives.

— Tu sais bien... les Hannetons... mes deux secrétaires.

La Comtesse.

— Ne le fais donc pas mentir. Il est comme ta fille, celui-là; il ne sait pas.... D'ailleurs, tu arrives si à point chez nous aujourd'hui, que je n'ai pas le courage de te faire un reproche pour ton inqualifiable négligence.

De Brives.

— C'est sérieux, chère amie? Tu avais besoin de moi? Il fallait m'écrire alors.

La Comtesse, *souriant*.

— Es-tu bien sûr que tu serais venu?

De Brives, *embarrassé.*

— Certainement!... si je n'avais pas eu comité.

La Comtesse.

— Non... Pierre est l'ami d'enfance de mon fils, j'avais Pierre près de nous, je n'ai pas voulu te déranger, bien contente quand même que tu sois là pour l'exécution que je vais faire.

Pierre, *effrayé.*

— Une exécution?

De Brives, *souriant.*

— Nous avons toujours l'aumônier.

La Comtesse, *à son frère.*

— Oh! ne ris pas,... le bonheur de nos enfants est en jeu,... il n'y a pas de quoi rire.

De Brives.

— Tu m'effrayes,... voyons, qu'est-ce? (*On s'assied.*)

LA COMTESSE.

— Une intrigue d'amour, bête, nouée là, devant moi, sous mes yeux, au mépris des choses les plus saintes, les plus sacrées. (*A l'abbé.*) Par votre ami Georges, qui avait toujours été si raisonnable. C'est tellement hors du caractère que je lui connais, ça été tellement brusque....

DE BRIVES.

— Brusque! brusque! mais il a vingt-sept ans,... il fallait bien s'y attendre.

LA COMTESSE.

— Non, puisqu'il savait que de ta fille je veux faire ma fille.

DE BRIVES.

— Tu veux,... tu veux....

PIERRE.

— Êtes-vous sûre que Georges soit coupable, madame? Je ne me suis jamais aperçu....

De Brives.

— Naturellement.

La Comtesse.

— Je suis certaine. J'ai des preuves.

De Brives.

— Peut-on savoir le nom de la femme?

La Comtesse, *avec mépris*.

— Une Marie Deloche, que tu as dû rencontrer ici.

De Brives, *gouailleur*.

— Marie Deloche? Je ne l'ai pas rencontrée, la dernière fois que je suis venu, mais j'étais parti en le regrettant. Tu m'en avais fait un portrait si capiteux, si....

La Comtesse.

— J'ai eu tort, Mme Deloche est une intrigante.

De Brives.

— Voyons, ma chère, nous parlons bien

de la même? Il s'agit, n'est-ce pas, de cette
veuve d'officier d'artillerie que tu as connue
à Versailles, dans une vente de charité?

La Comtesse.

— Précisément.

De Brives.

— Mais c'était une perle, un ange, une
trouvaille!

La Comtesse.

— Oh! Mme Deloche est loin d'être sotte.
Elle l'a prouvé en commençant par nous
séduire, Lucile et moi. Tous ces gentils
talents qui font d'une jolie femme une femme
aimable, elle les possède. Personne, je crois,
dans notre monde, n'est plus délicate musi-
cienne : des doigts de fée, l'air d'avoir du
cœur, de la religion....

Pierre.

— Elle en a peut-être, madame.

La Comtesse, *continuant.*

— Une sorte de mélancolie originale...

2.

il n'en fallait pas plus.... Et, pour achever

de me séduire, voilà qu'un soir, cette femme

s'est trouvée lire très gentiment. Tu me connais, tu sais qu'en ma qualité d'ancienne lectrice au château, j'ai la faiblesse d'adorer la lecture, la prétention de m'y entendre; elle m'a demandé des conseils....

DE BRIVES.

— Tu lui en as donné....

LA COMTESSE.

— Oui, et peu à peu cette Mme Deloche s'est installée dans la maison. Elle amusait notre solitude. Nous l'avons choyée, dorlotée; quoique très élégante, trop élégante, elle n'est pas riche, nous avons voulu l'aider. Elle est venue passer des huit jours, des quinze jours ici. Et Georges a fini par s'amouracher d'elle.

DE BRIVES.

— C'était fatal.

LA COMTESSE.

— Ou mieux, elle a fini par convoiter la fortune que je laisserai à mon fils, son rang.

DE BRIVES.

— Diable!... Et... elle est chez toi, pour la minute?

LA COMTESSE.

— Oui; en promenade avec Georges, par-dessus le marché, et sans Lucile, qui d'habitude. chaque matin, les accompagne.

DE BRIVES.

— Oh! oh!

LA COMTESSE.

— Informations prises d'ailleurs, — hélas! bien tard. — Mme Deloche n'est point la veuve d'un officier. Je sais des choses, et je les dirai. (*Un court silence.*)

DE BRIVES, *touchant le genou de l'abbé.*

— Hé! l'abbé, tu as de la chance pour tes débuts.... Te voici en face d'une de ces femmes qui. a moins que ma sœur ne s'abuse. me semble être d'une... variété.... (*A la Comtesse.*) Je t'aime de tout mon cœur, Henriette. mais là, de vrai, com-

ment n'as-tu point pensé que, te plaisant,
Mme Deloche, belle et armée en guerre,
pouvait aussi très bien séduire ton fils?

La Comtesse.

— J'étais en droit de croire que son
affection pour Lucile le mettrait en garde
contre tout autre sentiment. Georges a un
nom; Georges n'a que vingt-six ans, et
Mme Deloche en a trente; Georges était
presque le fiancé de Lucile. Mme Deloche
le savait....

De Brives.

— O sainte femme, qui a cru que tout
cela pourrait empêcher quelque chose !

La Comtesse.

— Puisque le monde est méchant, et que
tu le connais si bien....

De Brives.

— A mes dépens, ma sœur.

La Comtesse.

— ... Pourquoi n'es-tu pas venu plus
souvent?

De Brives.

— Mais, j'ignorais tout cela. L'eussé-je appris d'ailleurs, tu n'aurais pas suivi mes conseils.

La Comtesse.

— Qu'est-ce que tu m'aurais conseillé?

De Brives.

— Lucile est encore jeune... je t'aurais conseillé d'attendre et de ne rien voir.

La Comtesse.

— Votre avis, Pierre?

Pierre.

— Mon Dieu, madame....

De Brives.

— Il n'en a pas d'avis, parbleu! ce n'est encore qu'un enfant de troupe.

Pierre, *à la Comtesse.*

— Désirez-vous que je parle à Georges? que j'essaie de lui montrer la vanité de sa conduite?

DE BRIVES.

— Tu as trop tenu ton fils en lisière, chère amie. Les jeunes gens ont besoin de vivre, d'aimer un peu, avant d'aimer sérieusement.

LA COMTESSE.

— Ce n'est pas ce que la religion ordonne.

PIERRE.

— Bien, madame.

LA COMTESSE.

— La religion ordonne de montrer le droit chemin à ses enfants, et leur commande de le suivre, de nous écouter. Lucile souffre d'ailleurs : ta pauvre Lucile n'est plus la même. Elle a dû s'apercevoir.... D'autre part, comme je ne veux pas que ma maison abrite quoi que ce soit d'hostile à ma conscience, Mme Deloche va recevoir un congé en forme, un congé définitif.

DE BRIVES, *se lève.*

— Je me tais, Henriette, je me tais ; mais

prends garde! Georges est peut-être fort épris....

La Comtesse.

— Eh bien?

De Brives.

— Ce n'est plus un gamin; il a de la volonté, il te ressemble. Vous avez toujours vécu tendrement, mais si vos deux natures arrivent à se heurter....

SCÈNE III

Les Mêmes, LUCILE.

Lucile.

— Papa est là?

De Brives, *allant à elle*.

— Oui, le père prodigue est de retour. Est-elle jolie, hein? (*Il l'embrasse.*) Et il offre toutes ses excuses à sa fille bien-aimée pour l'avoir ainsi négligée pendant des mois, pour n'avoir fait que lui écrire de temps à autre.

Lucile.

— Et quelles lettres!... trois lignes chaque fois.... Jamais tourner la page. Enfin, je pardonne, mais à une condition,... c'est que tu ne recommenceras plus.

De Brives.

— Jamais.

Pierre, *gaiement*.

— Engagement pris devant l'église.

La Comtesse.

— Lucile.

Lucile.

— Marraine?

La Comtesse.

— Pourquoi n'es-tu pas sortie avec Georges?

Lucile.

— Je n'avais pas envie de sortir, marraine.

La Comtesse.

— Alors pourquoi Mme Deloche est-elle sortie? (*Un silence.*) C'est d'une inconvenance! Je ne comprends pas que tu aies accepté cela.

Lucile.

— Mais, marraine, ils ne m'ont pas demandé mon avis.

3.

LA COMTESSE.

— Bon.... Sonne.... Je m'en expliquerai
avec cette dame.

LUCILE, *allant sonner.*

— Qu'est-ce qu'il y a?

SCÈNE IV

Les Mêmes, un Domestique.

La Comtesse.

— Dès que Mme Deloche rentrera, vous la prierez de venir me parler.

Le Domestique.

— Je l'ai vue qui entrait chez le garde avec M. Georges, madame, pendant l'orage de tout à l'heure. Ils ne vont pas tarder à revenir, puisqu'il ne pleut plus.

La Comtesse.

— Bien, allez ! (*Le domestique sort.*)

SCÈNE V

LA COMTESSE, LUCILE, DE BRI-
VES, PIERRE.

DE BRIVES, *à Pierre*.

— Attention, l'abbé. Examine bien, et si,
par hasard, certaines choses t'échappent,
ne te gêne pas, demande, je te renseigne-
rai....

PIERRE.

— C'est drôle.... Mais je ne suis pas à
mon aise, monsieur de Brives; je me sens
tout tremblant.

LUCILE.

— Marraine, vous êtes en colère.... Vous
en voulez à cette pauvre femme. Il y a
même plusieurs jours que cela dure. Elle
s'en est aperçue, et ça lui fait beaucoup de
peine.

SCÈNE VI

Les Mêmes. MARIE DELOCHE.

MARIE, *en sabots et grande cape rustique, à la Comtesse.*

— Vous avez besoin de moi, chère amie? Mais je suis vraiment dans une tenue.... Voyez donc comme M. Georges et la femme de son garde-chasse m'ont accoutrée. (*S'inclinant.*) Messieurs.... Nous venons de recevoir une averse.

La Comtesse. *très hautaine.*

— Alors, madame.

veuillez revenir le plus tôt possible, j'ai à vous communiquer une décision grave.

MARIE.

— Grave?
(*Elle jette un coup d'œil étonné à Lucile,
puis sort.*)

DE BRIVES, *à Pierre*.

— Ah! par exemple....

PIERRE.

— Quoi donc?

DE BRIVES.

— Où diable ai-je vu cette femme-là?

SCÈNE VII

LA COMTESSE, LUCILE, DE BRI-
VES, PIERRE.

LUCILE.

— Qu'a-t-elle fait? Je ne vous ai jamais
entendue parler sur ce ton à personne.

LA COMTESSE.

— Lucile, Mme Deloche n'est pas ce que
j'avais cru. Nous allons nous en séparer.
Et, comme ta présence est fort inutile pour
cela, tu vas rentrer dans ta chambre.

LUCILE.

— Vous séparer ainsi de cette charmante
personne! Mais il n'y a rien à dire sur son
compte.... Elle a toujours été aux petits
soins pour vous, pour moi; vous le regret-
terez. Je parie qu'une mauvaise langue....
C'est si facile de calomnier, d'inventer

n'importe quoi contre les gens, contre une femme seule et malheureuse.

La Comtesse.

— Malheureuse?... Elle a surtout fait du mal.

Lucile.

— Une calomnie, vous dis-je.

De Brives.

— Non, mon enfant, une vérité.

Lucile.

— Enfin, quelle preuve avez-vous?

La Comtesse.

— Des preuves? Tiens, va chercher dans mon secrétaire... une enveloppe.... Non, reste, j'y vais moi-même. (*Elle sort.*)

SCÈNE VIII

LUCILE, PIERRE, DE BRIVES.

LUCILE.

— Pauvre Georges !...

DE BRIVES.

— Comment... pauvre Georges ?...

LUCILE.

— Il avait tant d'affection pour Mme Deloche.... Il sera désolé.

DE BRIVES.

— Le principal est que tu sois contente.

LUCILE.

— Au prix d'une injustice ? au prix d'une
lâcheté ? Je n'accepte pas ce bonheur-là.
Mme Deloche est une honnête femme,
bonne affectueuse, pleine d'attentions. Il
n'y a rien à lui reprocher.

PIERRE.

— Mais, puisque Mme la Comtesse a des preuves....

LUCILE.

— Oh! Pierre.... Vous voilà contre elle, vous aussi; vous, en qui elle a tant de confiance, qui la connaissez mieux que personne.... Elle vous a raconté sa vie....

DE BRIVES.

— Ce n'est pas une raison. S'il fallait croire tout ce que l'on raconte.... Pour ma part, j'estime que ma sœur a été un peu légère, et beaucoup trop enthousiaste, en la recevant.

LUCILE.

— Mais Mme Deloche est d'excellente

famille: son père était gentilhomme. (*Sur
un sourire de de Brives.*) Je t'assure, elle
me l'a dit. Il s'appelait M. de Beaumont.

PIERRE.

— Ah! non, il s'appelait M. de Marigny,
ancien consul à Ténériffe.

LUCILE.

— Pas du tout.... C'était un président de
Chambre.

DE BRIVES. *distrait depuis un moment.*

— Ma chère Lucile. est-ce que Mme Deloche est réellement blonde? N'aurais-tu
point remarqué, par hasard?...

LUCILE. *des larmes aux yeux.*

— Oh! que c'est mal... que c'est donc
mal! Voici qu'on l'accuse de tout, à présent... de se teindre. de se déguiser, comme
si elle était une voleuse cachée dans la
maison.

DE BRIVES.

— Qui te parle de ça, voyons! Est-ce

qu'on est une voleuse parce qu'on change la couleur de ses cheveux? Où en serions-nous, alors, mon Dieu?

LUCILE.

— Tu lui en veux, tu es comme les autres. C'est à en pleurer, tant le monde est méchant. Au revoir.

DE BRIVES.

— Où vas-tu?

LUCILE, *toute vibrante*.

— Je vais prévenir Georges. On l'écoutera peut-être, lui: il ne laissera pas faire cette mauvaise action.
(*Elle sort.*)

SCÈNE IX

PIERRE, DE BRIVES.

DE BRIVES.

— Prrr! le petit cheval emporté, qui refuse qu'on le défende, qu'on lui conserve l'enclos, le coin de pré où il paissait tranquille, loin des surprises!...

PIERRE.

— Lucile se dévoue peut-être. Elle s'imagine faire le bonheur de son cousin.... Il y a, paraît-il, des jeunes filles comme cela; je l'ai lu dans les bons livres.

DE BRIVES.

— Possible, mon cher. Il est des âmes trempées de miel. On en rencontre. Mais si Mme Deloche est celle que je présume, Lucile a tort. Car ce serait, — je ne suis sûr

de rien, — une femme des plus bizarres.
Elle aurait été mariée, — si c'est elle ! — à
un pauvre diable, qu'elle trompait avec un
de mes amis, M. de Mon-
croy, pas jeune, mais
riche, très riche.

PIERRE.

— Oh ! monsieur, que
me racontez-vous là ?
Vous supposez.... Vous
avez reconnu cette
dame ?

DE BRIVES.

— Je n'affirme rien, comprends-moi...
d'autant mieux que la personne dont je
parle, — elle s'appelait Marguerite, — était
brune, et que je ne l'ai vue qu'une fois....
Oui, une seule fois, la nuit, au café An-
glais,... (*étonnement de l'abbé*) un restaurant
à la mode.

PIERRE.

— Voyons, voyons, monsieur... au fond
de quel gouffre m'entraînez-vous?... C'est

donc vrai! il existe des femmes mariées qui,
pour de l'argent....

DE BRIVES.

— Des tas, mon camarade, et même qui
vont à confesse.... pas à Saint-Louis de
Versailles, probablement. Ça a été élevé,
Dieu sait comme, avec des goûts de luxe,
par des familles absurdes, gagnant et dé-
pensant au jour le jour, et lorsque le mari,
tôt ou tard, pour une raison quelconque,
se trouve ne pouvoir être un entreteneur
sérieux.... Je ne continue pas, hein?

PIERRE.

— Mais comment une femme pareille serait-elle venue échouer à Versailles, monsieur
de Brives? Comment aurait-elle cette dis-
tinction, ce charme, cette candeur des yeux
que l'on trouve en Mme Deloche? Comment
la comtesse Nattier l'aurait-elle rencontrée,
pour la première fois, dans une vente de
charité?

DE BRIVES.

— Tu m'en demandes trop, mon cher.

Mais sache que parmi les femmes dont nous discourons, il en est de fort intelligentes, d'extraordinairement intelligentes, je te le répète, ayant un idéal, et capables de le poursuivre jusqu'à ce que les événements les servent,... ou leur cassent les pattes.

Pierre, *après un silence.*

— Ma prochaine messe, monsieur de Brives, je la dirai à l'intention de celle que vous soupçonnez,... à tort, espérons-le.

De Brives.

— Je n'ai rien affirmé, entendons-nous, absolument rien.

SCÈNE X

Les Mêmes, LA COMTESSE, *avec des papiers.*

La Comtesse, *les montrant.*

— Voici de quoi confondre l'imposture. (*Elle les dépose sur une table volante, près d'elle.*) Je vous réponds que la belle va être bien embarrassée.

De Brives, *bas, à l'abbé.*

— Ça ne t'ennuie pas, Pierre, d'avoir à juger une femme?

Pierre.

— Si, monsieur de Brives.

De Brives.

— Et moi donc !
(*Ils s'asseyent.*)

SCÈNE XI

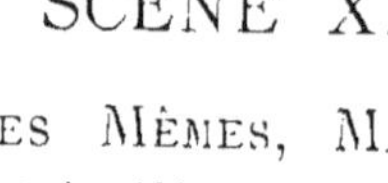

Les Mêmes, MARIE,
très élégante.

Marie.

— Pardonnez-moi de
vous avoir fait attendre,
chère amie.

La Comtesse.

— Veuillez vous asseoir,
madame. et me prêter
toute votre attention. (*Un
court silence.*) Il paraîtrait
que vous me trouvez un
peu changée à votre
égard depuis quel-
ques jours. (*Sur
un geste de Ma-
rie.*) Lucile me l'a
dit ((*ironique-
ment*), et encore

que cela vous peinait. Je suis très franche,
madame, et les situations nettes m'ont toujours plu. (*Sur un nouveau geste de Marie,
qui indique de Brives.*) Monsieur est mon
frère, le marquis de Brives. (*De Brives salue
Marie.*)

DE BRIVES, *bas à l'abbé.*

— Comme elle ressemble à Marguerite !

LA COMTESSE.

— Eh bien, c'est vrai, madame, et vis-à-
vis de vous, mes dispositions, qui étaient
affectueuses, sont devenues... autres. Oh !
j'ai été la première désappointée, croyez-le, et
ce n'est pas sans avoir réfléchi que je vous
parle, sans avoir plaidé contre moi en votre
faveur. Mais voilà, j'ai découvert une foule
de choses.... ennuyeuses pour vous comme
pour les miens, et elles sont telles qu'à mon
grand regret, nous allons être obligées de
cesser toutes relations.

MARIE, *très émue.*

— Pourquoi, madame ? Excusez-moi.

mais je ne comprends pas.... je ne comprends pas du tout.... Quelles sont ces choses ennuyeuses, pour moi comme pour les vôtres?

LA COMTESSE.

— Vous tenez à ce que je vous le dise?

MARIE.

— Oui, madame; ne fût-ce que pour ne plus les ignorer. Mais j'eusse préféré ne les apprendre qu'en votre seule présence.

LA COMTESSE, *à de Brives et à Pierre qui se sont levés.*

— Reste, mon frère, restez, l'abbé; il importe que vous sachiez, il importe que, devant vous, je n'aie l'air ni d'une fausse accusatrice, ni d'une vieille femme lunatique. (*Ils se rasseyent, à Marie.*) Pourquoi nous allons cesser toutes relations? Mon Dieu, madame, c'est parce que traitée en amie, en égale, parce que choyée, adulée ici, et, par suite, connaissant les projets que j'avais sur ma nièce et mon fils, vous n'en avez tenu aucun compte....

Marie.

— Moi?

La Comtesse, *se levant*.

— Ça, voyez-vous, c'est indigne! Je ne

m'y attendais pas : je ne devais pas m'y attendre.

MARIE.

— Oh ! madame....

LA COMTESSE.

— Je t'en prends à témoin, mon frère, et vous aussi, l'abbé. N'est-ce pas que c'est odieux, et qu'on ne vient pas, chaque jour, dans une maison où l'on est accueillie à bras ouverts, pour y jouer sournoisement des rôles, pour voler à une innocente un cœur dont elle se croyait sûre ?

MARIE, *très ferme.*

— Je ne sais pas ce que j'ai pu inspirer à M. Georges, mais je n'ai commis aucune indélicatesse, madame.

LA COMTESSE.

— Vous prétendez ignorer la passion qu'il a pour vous ?

MARIE.

— Je le jure.

La Comtesse, *prenant une lettre sur la table.*

— Alors qu'est-ce que ce brouillon, tout chiffonné, d'épître amoureuse que j'ai trouvé dans la chambre de mon fils ? Il vous est adressé ; votre nom y revient plusieurs fois.

Marie.

— Je n'ai rien reçu, madame, et, n'ayant rien reçu, il m'était difficile de répondre.

La Comtesse, *prenant une autre lettre.*

— Ah ?... j'ai pourtant là une lettre de vous à Georges, — une lettre qu'un domestique a cru devoir me remettre ; car les domestiques sont déjà au courant.... Je ne l'ai pas ouverte, bien entendu, mais je vous défie de nous la lire.

Marie, *vivement.*

— Madame, il ne s'est rien passé....

La Comtesse.

— Soit ! mais il pourrait se passer quelque chose....

MARIE.

— Vous m'insultez, en vous figurant....

LA COMTESSE.

— Allons donc! vous n'êtes pas même veuve! Avez-vous été mariée seulement?

MARIE, *à de Brives et à l'abbé.*

— Oh! messieurs, messieurs....

LA COMTESSE.

— Il faut que dans une heure vous soyez
partie, que rien de vous ne reste chez moi.

MARIE.

— Vous me traitez.... (*Elle sanglote.*)
C'est affreux !... C'est abominable !

SCÈNE XII

Les Mêmes, GEORGES NATTIER.

Georges.

— Eh bien! quoi?... Que se passe-t-il donc, maman?... Tu veux te séparer de Mme Deloche?... Elle pleure?... Voyons, mon oncle, Pierre, que lui avez-vous dit? Qu'est-ce qu'on lui a fait?

Marie.

— Oh! monsieur Georges, si vous saviez ...

La Comtesse.

— Je te prie de nous laisser, Georges, tu n'as rien à faire ici. Vois donc plutôt à ce qu'on attelle pour reconduire madame à Versailles.

MARIE.

— C'est cela, que je m'en aille... que je
m'en aille.... vite....

GEORGES, *à Marie.*

— Attendez. (*A la Comtesse.*) Je regrette
de te désobéir, ma mère ; mais, Lucile
m'ayant prévenu que madame nous quitte, à
cause de moi, il me semble que ma présence
ici et une explication sont indispensables.

LA COMTESSE.

— Comment oses-tu me parler de Lucile,
quand tu es en train de la berner, de la dé-
laisser, elle, digne en tout point de toi, de
nous, pour une personne?...

GEORGES.

— Mais je ne te comprends pas, maman.
Qui ai-je berné? qui ai-je trompé? Je n'étais
donc pas libre? Est-ce ma faute à moi, si
tu as formé des projets que mon cœur ne
ratifie pas, si tu as fait un rêve que je dérange? (*Geste vers Marie.*) Est-ce sa faute
à elle, si je l'aime?

LA COMTESSE.

— Georges....

GEORGES.

— Oui, je l'aime, et je ne l'ai pas dit plus tôt, parce que je n'en avais pas le droit, parce que je n'étais pas sûr d'être aimé, moi aussi.

LA COMTESSE.

— Et maintenant, tu te crois sûr?...

MARIE.

— Il a raison.

GEORGES.

— Sûr comme de ton affection, mère.

LA COMTESSE.

— Pauvre enfant !

GEORGES.

— Quant à Lucile, je ne lui ai fait aucune promesse, aucune. Je suis un honnête homme, et jamais un mot dit par moi ne lui a laissé croire.... Eh! d'ailleurs; elle ne m'aime pas....

PIERRE.

— Qu'en sais-tu?

GEORGES.

— Je peux vous le certifier, vous le prouver immédiatement. (*Allant à la porte et appelant.*) Lucile!... Lucile!

DE BRIVES, *bas, au jeune prêtre.*

— L'abbé, ayons l'œil sur cette femme.

SCÈNE XIII

Les Mêmes, LUCILE.

(*Elle a les yeux rouges, vient de pleurer.*)

Lucile.

— Que me veux-tu, Georges ?

Georges.

— Je veux que tu répètes ce que nous disions à la minute. Pourquoi trembles-tu ? pourquoi t'émouvoir ? Je ne te demande que la vérité.... N'est-ce pas que tu ne m'aimes point, que nous sommes

frère et sœur, qu'on s'est trompé en voulant
faire de nous un mari et une femme?...
Parle... ça ne doit pas plus te coûter maintenant que tout à l'heure.

LUCILE, *après un silence.*

— C'est vrai, Georges.... je ne t'aime
pas. Nous ne nous aimons pas.... C'est vrai.

PIERRE, *à de Brives.*

— Comme elle dit ça! (*De Brives est ému.*)

GEORGES, *à la Comtesse.*

— Tu vois.... J'espère que tu me croiras
désormais.

LA COMTESSE.

— Mais regarde-la, regarde-la donc au
lieu d'être aveugle, malheureux enfant! C'est
par fierté, par bonté, parce que tu aimes
une autre femme, qu'elle se sacrifie. Ne vois-
tu pas ses yeux pleins de larmes?

LUCILE, *d'une voix plus ferme.*

— Non, marraine, c'est bien ce que je

pense, je ne l'aime pas, je ne l'aime pas....

Je vous assure que je ne l'aime pas. (*Elle sort brusquement.*)

SCÈNE XIV

Les Mêmes, *moins* LUCILE.

GEORGES, *après un temps.*

— Maintenant donc il ne me reste plus
qu'à prier Mme Deloche, malgré les outrages
dont vous venez de l'abreuver, ma mère, de
m'accepter pour mari.

DE BRIVES.

— Ah çà, Georges, es-tu fou?

GEORGES.

— Ne vous mêlez de rien, mon oncle.

DE BRIVES.

— Pourtant, mon camarade.

GEORGES.

— C'est un honneur que je supplie
Mme Deloche de m'accorder, car je l'estime

profondément, car je voudrais la rendre heureuse, faire qu'elle oublie un affront qu'elle ne méritait point. (*S'adressant à Marie.*) Répondez-moi, madame.

MARIE, *toujours en larmes.*

— Hélas! monsieur, le puis-je? Ne serait-ce pas vous séparer de tous les vôtres, donner des armes à votre mère contre moi?

GEORGES.

— Eh! que m'importe le reste? Je n'aime que vous. Est-ce que quelque chose au monde vous remplacerait?

LA COMTESSE, *indignée, à de Brives et à l'abbé.*

— Vous l'entendez, vous l'entendez!

GEORGES, *à Marie.*

— Je ne veux plus connaître personne de ceux qui vous ont soupçonnée, accusée.

LA COMTESSE.

— Alors, tu ne connaîtras plus ta mère?

GEORGES.

— Comment peux-tu dire cela?

LA COMTESSE.

— Mais c'est toi qui le dis !

GEORGES.

— Tu sais bien que j'ai toujours été
le plus tendre et le plus respectueux des
fils.... Prends toute ma vie, et si tu dé-
couvres contre toi la moindre pensée mauvaise....

LA COMTESSE.

— Il parle de lui, l'ingrat. et ne songe
plus à ce qu'il m'a coûté de transes et de
veilles. Qui t'a soigné, quand tu étais malade? Est-ce cette étrangère? Qui t'a fait
l'abandon de sa jeunesse? Qui depuis l'âge
de trente ans a renoncé au monde pour être
plus et toujours à toi!... Ah ! que les mères
sont à plaindre.... Nos enfants nous creu-
sent des rides, et ils nous quittent pour
ne plus les voir !

MARIE, *à Georges.*

— Laissez-moi partir, monsieur Georges.

GEORGES.

— Si vous partez, je m'en vais avec vous.

MARIE.

— Non, je vous en prie. Que je ne sois cause d'aucun désespoir.

GEORGES.

— Le mien ne compte donc pas pour vous? Que deviendrai-je si je ne vous ai plus? Non, non; ou vous restez, ou nous partons l'un et l'autre.

LA COMTESSE.

— Je ne veux plus de cette femme ici.

GEORGES.

— Alors, venez, Marie, prenez mon bras.

LA COMTESSE.

— Ne sors pas avec elle, Georges.

GEORGES.

— Venez, venez.

PIERRE.

— Mon ami....

LA COMTESSE.

— Assez, Pierre. N'insistez plus. Puisqu'il veut partir, qu'il s'en aille ! (*A Georges.*) Seulement, monsieur, écoutez-moi... vous avez rompu les liens qui nous unissaient. Du moment que vous me préférez cette créature, je ne vous connais plus, vous n'êtes plus mon fils, les portes de ma maison vous seront fermées dorénavant.... Plus qu'un mot, le dernier : votre père, dont vous allez déshonorer la mémoire, ne vous a pas laissé de fortune.

GEORGES.

— Je le sais.

LA COMTESSE.

— Vous n'aurez donc rien à me demander.

GEORGES.

— Soyez tranquille.

LA COMTESSE.

— Vous savez aussi probablement que
cette femme à qui vous destinez notre nom,
n'est pas veuve, qu'elle nous a menti,...
qu'elle est une divorcée.

GEORGES.

— C'est à moi qu'elle l'a dit le premier.

LA COMTESSE.

— A vous?...

GEORGES.

— A moi.... Oui, ma mère.

LA COMTESSE.

— Mais l'Eglise ne reconnaît pas le di-

vorce, et votre mariage, par conséquent. ne
sera pas un mariage. N'est-ce pas, Pierre?

GEORGES.

— Vous l'appellerez comme il vous plaira.

il n'en sera pas moins l'accord, en dépit du
monde, de deux cœurs qui se sont donnés
l'un à l'autre, pour toujours.... Allons.
Marie....

MARIE, *résistant*.

— Je vous en supplie.... Non. (*A la*

*Comtesse pendant qu'il l'entraîne vers le
fond.)* Ah! madame, pardonnez-moi, par-
donnez-nous.

DE BRIVES, *bas.*

— Sacrebleu! il faut que je m'assure....
*(Lorsque Mme Deloche passe devant lui,
il appelle à mi-voix)* Marguerite! Marguerite! *(Haut.)* Elle ne bronche pas....

PIERRE, *suppliant son ami.*

— Georges....

LA COMTESSE.

— Pierre, je vous défends....

DE BRIVES, *à part.*

— Si ce n'est pas elle, elle y ressemble
diablement! *(Georges et Marie disparais-
sent. Un silence, durant lequel revient
Lucile.)*

SCÈNE XV

LA COMTESSE, LUCILE, DE BRI-
VES, PIERRE.

LA COMTESSE, *violemment.*

— Ah! le misérable enfant... le misérable.... Quelle honte!... Mais nous verrons
comme il en sortira. (*Un court silence.*)

LUCILE, *câline, à la Comtesse.*

— Vous lui pardonnerez, marraine....
Pourquoi vous faire si méchante?

LA COMTESSE.

— Non, pas de pardon!

DE BRIVES.

— Ma sœur....

LA COMTESSE.

-- Je te dis que je ne lui accorderai pas

de pardon. Qu'il aille vivre avec sa gueuse, dans la misère !

PIERRE.

— Pourtant, madame,... si Georges....

LA COMTESSE.

— Je désire, j'ordonne que le nom de Georges ne soit plus prononcé devant moi. Je n'ai pas de fils,... pas de fils.... Et je vous le demande absolument : quittez ces visages tristes. soyez comme d'habitude.

SCÈNE XVI

Les Mêmes, le Domestique.

(Il est entré par la gauche sur les dernières

paroles de la Comtesse et cause tout bas avec de Brives auquel il a remis une carte.)

La Comtesse.

— Qu'est-ce que c'est?

De Brives, *tenant la carte et s'approchant.*

— Le peintre, l'artiste qui a travaillé au château, il y a deux ans....

Pierre.

— Jacques Olivier?

De Brives.

-- Oui.

La Comtesse.

— Que veut-il?

De Brives, *hésitant.*

— Il demande à voir,... à voir.... (*Signe au domestique.*)

Le Domestique.

— Il demande M. Georges, madame la Comtesse.

La Comtesse.

— Dites-lui que M. Georges n'habite plus ici, et qu'il ne reviendra jamais. (*Le domestique sort.*)

SCÈNE XVII

LUCILE. PIERRE, DE BRIVES.

La Comtesse, *s'énervant.*

— Jamais.... plus jamais. Mon fils ne re-

viendra jamais. Ah! mon Dieu! mon Dieu!...

(Elle tombe sur un canapé, sanglote, la tête dans ses mains, tandis que s'empressent Lucile et de Brives.)

PIERRE, *à part.*

— Des larmes.... Alors, c'est moins irré-
médiable que je ne le croyais....

(*Rideau.*)

ACTE II

A Paris, chez Georges Nattier. Salon-cabinet de travail, modeste mais soigné. Le décor est planté de côté de façon à laisser voir, au fond, sur la gauche, la salle à manger grande ouverte, avec une table au milieu, et un peu à droite, la porte d'entrée faisant presque face au spectateur.

SCÈNE PREMIÈRE

GEORGES, LA MÈRE ANDRÉ. *Celle-*
ci, dans la salle à man-
ger, met le couvert;
Georges, devant un se-
crétaire, lit de vieilles
lettres et les classe.

GEORGES.

— Quelle heure est-il,
mère André?

LA MÈRE ANDRÉ, *du*
fond.

— Bientôt cinq heures,
monsieur Georges.

GEORGES.

— Comment! cinq heures... et madame n'est pas de retour.

La mère André.

— La sœur de madame l'aura retenue à Saint-Germain.

Georges.

— Sans doute.... Puis, le dimanche, les gares sont si encombrées.

La mère André.

— Notre dîner marchera tout de même, allez, monsieur.

Georges, *se retournant et regardant au fond*.

— Surtout que la table ait bon air.

La mère André.

— Ça ne sera pas difficile avec une belle nappe blanche, et de la vaisselle aussi coquette.

Georges, *gaiement*.

— Cela vaut mieux que notre soupière bancale et nos quatre assiettes du commencement... hein... vous les rappelez-vous?

La mère André.

— Monsieur a bien fait de se trouver une place.

Georges.

— Pas très brillante, ma place.

La mère André.

— Merci!... quatre cents francs par mois, dans les assurances.... Et puis madame donne des leçons de piano, et les leçons de piano, c'est du rapport.

GEORGES.

— Grâce à Dieu, mère André... car, à dire vrai, nous avons eu une entrée en ménage bien dure.... (*Un temps.*)

LA MÈRE ANDRÉ. *arrivant du fond avec une assiette qu'elle essuie.*

— C'est M. l'abbé qui vient dîner ce soir?

GEORGES.

— Comme chaque semaine.

LA MÈRE ANDRÉ.

— Ah! le finaud... avec ces dîners-là, il est tout de même arrivé à ce qu'il voulait.

GEORGES. *la regardant.*

— Qu'est-ce qu'il voulait donc, mère André?

LA MÈRE ANDRÉ.

— Mais, monsieur, fourrer le bon Dieu dans vos affaires, puisque vous aviez oublié de l'y mettre, que vous n'étiez mariés qu'au civil.

GEORGES.

— Ah! vous avez deviné ça, vous?

LA MÈRE ANDRÉ.

— Je ne suis pas la seule. Si vous croyez
qu'on n'en racontait pas chez les concierges,

   de voir un curé si camarade avec
des.... (*Elle rit.*)

GEORGES.

— Des parpaillots comme nous, n'est-ce
pas?... Cette mère André !

LA MÈRE ANDRÉ.

— Eh bien, monsieur Georges, je vais vous dire une chose... je ne suis pas autrement pour la religion, moi, et cependant, quand j'ai vu monsieur et madame, le soir, à la Trinité, dans ce coin de chapelle, malgré qu'il n'y avait que des lumières et pas un chat....

GEORGES.

— Oui, comme je suis brouillé avec ma famille, madame n'a voulu personne de chez elle, ni sa sœur, ni son beau-frère, personne.

LA MÈRE ANDRÉ.

— Ça m'a tout de même remué le cœur.

GEORGES.

— Parce que vous êtes une brave femme.

LA MÈRE ANDRÉ.

— Et comme il était gentil, M. Pierre, avec les dentelles de son surplis... que c'était beau, tout ce qu'il vous a dit!

GEORGES.

— Alors il faut lui faire un bon dîner.

LA MÈRE ANDRÉ, *retournant à la salle à manger*.

— Un dîner d'évêque. Si seulement j'avais un bouquet pour le milieu de ma table !

GEORGES.

— Vous savez bien que madame rapporte toujours des fleurs. (*Il se lève.*) Mais est-ce ennuyeux qu'elle n'arrive pas ! J'ai presque envie d'aller au-devant d'elle. (*La porte du fond s'ouvre.*)

SCÈNE II

LES MÊMES, MARIE. *Elle est en noir luxueux, voilette épaisse, avec un grand bouquet d'orchidées qui lui emplit les bras.*

GEORGES, *en un cri de joie.*

—Ah ! la voilà.... Enfin !

MARIE.

— Bonjour, mon Geo. *(Ils s'embrassent de tout leur cœur.)*

GEORGES, *lui tenant les deux mains.*

— Que 'je suis

content! j'ai ma femme, je la tiens, je pour
rai l'embrasser quand ça me fera plaisir.

MARIE.

— Eh bien. embrasse-
la, ne te gêne pas. Attends
que je me débarrasse.

(*Elle pose les orchidées
sur un meuble.*)

GEORGES, *la repre-
nant.*

—Assieds-toi.... Mets-
toi là que je te re-
garde.... J'étais si
inquiet, il me tardait
tant que tu rentres....

MARIE.

— Inquiet! de
quoi?

GEORGES. *à ge-
noux devant elle.*

— De tout.... Ce qu'il peut arriver de
choses

MARIE, *la main dans ses cheveux.*

— Que veux-tu qu'il m'arrive?

GEORGES.

— Je ne sais pas. Mais quand tu n'es plus là, je m'énerve, je me ronge…. Chaque voiture qui s'arrête, c'est un coup dans la poitrine. Non! je ne peux pas, je ne veux plus rester une heure loin de toi.

MARIE.

— Comment fais-tu, à ton bureau?

GEORGES.

— Je m'embête, tiens.

MARIE.

— Tu ne penses donc pas à moi?

GEORGES.

— Tout le temps. Je suis sûr que j'écris ton nom dans toutes mes polices d'assurances. Tu n'es pas comme ça, toi?

MARIE.

— Moi? J'aurais voulu que tu me voies

tout à l'heure. Je trottais, je trottais, en revenant de la gare. Il me semblait que je

n'arriverais jamais assez vite, que tu me poussais.

GEORGES, *sur ses lèvres.*

— Chère femme!

Marie, *frissonnant de plaisir.*

— Viens donc voir mes fleurs. (*Elle se lève.*)

Georges.

— Oh ! superbes....

Marie.

— Ce sont des orchidées.

Georges, *distrait, l'embrassant sur le cou.*

— Ah !

Marie.

— Je les ai achetées à la Madeleine. On me les faisait un prix exorbitant ; mais à force de marchandage je les ai eues pour presque rien.

Georges, *appelant.*

— Mère André !

La mère André, *dans le fond.*

— Monsieur ? (*Entrant, à Marie.*) Bonjour, madame.

Georges.

— Vous demandiez un milieu de table?
Adjugé.

La mère André, *emportant les orchidées.*

— Je n'avais pas encore vu des fleurs
comme ça. Elles n'ont pas l'air vrai.
(*Elle pose son milieu de table et disparaît.*)

SCÈNE III

GEORGES *et* MARIE.

MARIE, *quittant son chapeau devant la glace.*

— Ah! qu'on est bien, chez soi, près de son Georges. (*Lui donnant le chapeau.*)

Pose-le là.... Vraiment! je ne respire à
l'aise que quand j'ai grimpé nos cinq
étages ; je ne suis heureuse qu'ici.

GEORGES, *baisant le petit chapeau, avant
de le poser sur un meuble.*

— Tu as vu ta sœur?

MARIE, *continuant de se défaire.*

— Oui. Son petit garçon a été malade, la
semaine dernière.

GEORGES, *indifférent.*

— Oh!

MARIE.

— Un bobo, pas grand'chose. Nous avons
pu l'emmener avec nous dans les bois de
Saint-Germain.

GEORGES.

— Ton beau-frère, le garde général, vous
accompagnait?

MARIE.

— Ce cagot!... tu sais bien que nous ne

nous voyons plus. Pour lui comme pour ta
mère, je suis un monstre; tout ce qu'il
permet à sa femme, c'est de me recevoir.

GEORGES.

— En voilà un imbécile! A ta place je n'y
retournerais pas.

MARIE.

— Ma sœur est si bonne. Je ne lui
connais qu'un travers, c'est de faire un peu
trop claquer son titre « Madame la garde
générale.... » Il est vrai que moi-même, je
ne suis pas mécontente, quand je peux dire,
dans un magasin : Comtesse Georges
Nattier.

GEORGES.

— Brave petit cœur, va! tu défends toujours.... (*Lui prenant la main.*) Tiens!
qu'est-ce que tu as là?

MARIE.

— Mon bracelet? Il est beau, hein? Oh!
j'adore les perles.

GEORGES.

— D'où te vient-il? Je ne te le connaissais
pas?

MARIE.

— Un cadeau de Mme Guibert,... la
femme du banquier... tu sais bien... chaus-
sée d'Antin....

GEORGES.

— Parfaitement, mais pourquoi ce cadeau ?

MARIE.

— Pour me remercier des leçons que je
donne à sa fille.

GEORGES.

— Elle te les paye, ses leçons, elle te les
paye même assez cher.

MARIE.

— Oh ! tu comprends, si Mme Guibert
n'était pas une amie de pension, presque
ma parente, je n'aurais pas accepté, mais
devant l'intérêt qu'elle me montre.... Elle
vient encore de me procurer deux leçons...
une, le mardi, à trois heures, et l'autre à
cinq, le samedi. Il faudra même que tu
ailles la remercier, un de ces jours. Elle
connaît ton nom, la situation que ta mère
occupe ; ça la flatterait beaucoup....

GEORGES.

— Mais quand tu voudras…. Je te l'ai
déjà proposé. Et puis. je ne serais pas fâché
de dire à cette dame, une fois pour toutes,

qu'une honnête femme n'a pas d'autres bijoux
que ceux offerts par son mari.

(*Il est venu s'asseoir à son bureau et s'est
remis à ses lettres.*)

MARIE.

— Tu as raison, je n'en veux plus de ce
bracelet. (*Elle le quitte et s'approche de
Georges.*) Tu entends? Le voilà…. Je te le

donne. Fais-en ce que tu voudras. Moi, je ne le porterai plus.

GEORGES. *avec effusion*.

— Tu es bonne; je t'aime. (*Un long baiser; — un si- lence.*)

MARIE.

— Tu travail- les?... pour ton bureau?... On t'a donné du tra- vail supplémen- taire?

GEORGES.

— Non. je m'amuse, tu vois... je classais des lettres, en t'attendant.

MARIE.

— En as-tu, mon Dieu!... En as-tu!

GEORGES.

— Dame! quand on les a gardées depuis l'enfance.

MARIE.

— Moi, je n'ai pas conservé un bout de papier... pas ça.

GEORGES.

— Ce n'est donc pas bon à fouiller, tous ces vieux souvenirs?

MARIE.

— Les miens sont tristes. Mon bonheur n'a commencé qu'avec toi.

GEORGES.

— Pauvre amie.

MARIE.

— Oh! ne me plains pas. à présent je suis

si heureuse... Alors, tu as tout gardé? (*Souriant.*) Même les lettres compromettantes?

GEORGES.

— Des lettres de femme?

MARIE.

— Ah! vilain, tu m'as comprise tout de suite. Oui, des lettres de femme. Parions que tu en as. (*Elle lui prend la tête et lui bouche les yeux, d'une main, en riant.*) Nous allons voir. (*Ramassant au hasard une lettre sur la table.*) De qui, la lettre que je tiens?

GEORGES.

— Impossible de le dire, puisque tu me bouches les yeux. Lis une phrase.

MARIE, *lisant.*

« Je suis jalouse de ta tendresse, mon Georges.... » Ah!... De qui? (*Elle le lâche*).

Georges, *de belle humeur*.

— De ma mère, quand j'avais quinze ans.
Ça t'attrape?

Marie, *prenant plusieurs lettres sur la
table, et les lui montrant une à une*.

— Et celle-ci?

Georges.

— D'un camarade, qui est mort.

Marie.

— Celle-là?

Georges.

— De Lucile. Tu peux la lire.

Marie.

— Non.... (*Vivement*.) Ah! une écriture
que je connais.

Georges.

— Ce n'est pas possible, c'est la dernière
lettre que j'ai reçue du pauvre Olivier. (*Elle
tressaille brusquement*.) Qu'as-tu?

MARIE.

— Moi? rien.... Qui est-ce, Olivier?

GEORGES.

— Un de mes amis, un peintre... celui qui
a fait les plafonds du salon et de la galerie,
chez ma mère.... Jacques Olivier.

MARIE.

— Jacques?... Il s'appelle Jacques?

GEORGES.

— Tu le connais?

MARIE.

— Non.... Et pourtant il me semble....

GEORGES.

— Mâtin! celui-là, par exemple, si j'avais
suivi ses conseils, je ne me serais pas
marié.

MARIE.

— Pourquoi?

GEORGES.

— Je le laisse parler.... Écoute. (*Il cherche*

un passage de la lettre et le lit :) « Les
« femmes sont toutes des menteuses. On ne
« devrait jamais les croire, pas plus que les
« enfants lorsqu'ils témoignent en cour
« d'assises. »

Marie.

— Il va bien, ton ami !

Georges, *continuant à lire.*

— Attends la suite : « Pourquoi ris-tu si
« fort? demandais-je un jour à la mienne
« dans le cabinet de restaurant où nous

« soupions, après l'Opéra. — Pour faire
« croire, à côté, que nous nous amusons
« beaucoup. » Oui, mon cher Georges,
« toute sa nature est là, le mensonge
« incarné, maladif, mensonge par goût,
« par instinct, chic, vanité, faisant partie
« d'elle, comme ses beaux cheveux ou ses
« mains délicates. » Et cætera, et cætera...
quatre pages.

MARIE.

— Pauvre fou ! qui juge les femmes
d'après une femme....

GEORGES, *lui caressant les mains*.

— Il faut lui pardonner, vois-tu, ça doit
être si terrible de toujours demander à ce
qu'on aime : « D'où viens-tu ? Qu'as-tu fait ? »
avec la certitude de n'avoir pour réponse
qu'un mensonge, toujours du mensonge !
Mon ami ne pouvait plus travailler. Sans
espoir, l'existence brisée, sentant rôder
autour de lui de vilaines choses, alors il a
quitté sa femme, par dégoût. Et il voyage,
pour tâcher d'oublier. Cette lettre vient
du Maroc.

MARIE, *avec un petit rire.*

— C'est loin le Maroc.... Montre.

GEORGES, *pendant qu'elle parcourt la lettre.*

— Ah ! l'étrange créature.... Quel mystère qu'une femme pareille ! En causant, tout à coup, à propos de rien, elle vous disait : « quand j'étais « à Tampico... » ou bien : « une fois dans la rade de Valparaiso »…. (*Il rit.*)

MARIE.

— Qu'est-ce qui te fait rire ?

GEORGES.

— Ça étonnait, tu comprends.

MARIE, *soudain de mauvaise humeur,*

chiffonnant et jetant la lettre sur la table.

— Laisse donc cette femme tranquille. Qu'est-ce que ça nous fait le malheur des autres?... Nous nous aimons, nous sommes libres! (*En le câlinant.*) Il est si bon, si profondément bon d'être égoïste à deux, loin de tout.... (*Elle l'embrasse.*) Dis, mon Georges, tu ne regrettes rien de ce que tu as quitté pour moi?

(*Elle s'assied sur ses genoux.*)

Georges.

— Je ne regrette rien.

Marie.

— Ni la fortune, ni Lucile, ta petite amie, ni ta mère?

Georges.

— Tais-toi. Embrasse-moi encore.

SCÈNE IV

LES MÊMES, L'ABBÉ PIERRE.

PIERRE, *de la porte qu'il entr'ouvre, un peu gêné.*

— Je vous dérange?

GEORGES.
— Si peu

MARIE, *se levant de ses genoux*.

— Ah ! voilà Pierre.

GEORGES.

— Entre donc.

PIERRE, *entrant tout essoufflé*.

— Mes enfants....

GEORGES.

— Quoi donc ?

PIERRE.

— Je vous annonce.... Je ne peux plus parler. Je suis si heureux que j'ai monté un étage de trop.

MARIE, *souriant*.

— Voulez-vous un peu d'eau de mélisse ?

GEORGES, *d'une voix de tonnerre*.

— La Mélisse, mère André.

PIERRE.

— Trêve de balivernes, s'il vous plaît. Je vous annonce... une visite extraordinaire.

MARIE.

— Qui ?

PIERRE.

— La comtesse Nattier.

GEORGES.

— Maman?

PIERRE.

— Oui, ta mère... ta
mère qui pardonne, et
pardonne si bien qu'elle
n'a pas voulu remettre
d'un instant le plaisir
de vous embrasser.

GEORGES, *montrant*
Marie.

— Tous les deux?

PIERRE.

— Tous les deux.

MARIE.

— Est-ce possible!

GEORGES.

— Tu as fait ce miracle, mon Pierre?

PIERRE.

— Ce n'est pas moi, c'est le Seigneur qui l'a fait. (*A mi-voix, les mains jointes.*) *Laudate nomen Domini.* (*Haut, gaiement.*) Et voilà pourquoi, mes enfants, j'ai tant tenu à votre mariage religieux. Ce n'était pas commode! l'Église ne reconnaît pas le divorce, mais quelquefois, tout de même, avec des protections.... Bref, j'y suis arrivé, et il le fallait absolument, car sans cela jamais votre mère n'aurait pardonné. Quand elle m'a dit, — il y avait longtemps, bien entendu, que je travaillais en dessous, que je l'entourais de mines et de contre-mines, — quand elle m'a dit : « Non, quel que soit mon désir d'embrasser mon fils, je n'irai jamais dans une maison pareille, je n'admettrai jamais ce mariage sans Dieu! » j'ai pu lui répondre : « Mais, madame, ils sont mariés à l'église. » (*Il rit.*) Et rien qu'avec cette phrase j'ai enlevé la place d'assaut.

GEORGES.

— Et quel jour as-tu accompli ce beau fait d'armes?

PIERRE.

— Ce matin.... pas plus tard que ce matin.... Et justement, comme ces dames viennent aujourd'hui chez M. de Brives, pour je ne sais quelle fête qu'on donne à son cercle, tu vas les voir.... Elles me suivent....

MARIE.

— Comment, Lucile?

PIERRE.

— Et le président.

MARIE.

— Oh! mais, Georges, il faut nous faire beaux. Range vite tes paperasses.

GEORGES.

— Hop! l'abbé, rangeons.
(*Il embrasse Marie.*)

PIERRE.

— C'est ça, rangeons.

GEORGES, *tandis que Marie porte ses affaires dans la pièce à côté.*
— Tu es un brave homme, Pierre... et

pour la peine, tu verras ce que je donnerai
à tes pauvres. Tu verras !

Pierre.

— J'en ai beaucoup, je t'avertis.

Georges, *chantant.*

— *Des chevaliers de la Neus-
trie....*

Pierre, *fredonnant.*

— *L'honneur fut tou-
jours le soutien.* (*S'interrompant
brusquement.*) A propos, madame
Georges ?... Que faisiez-vous donc,
rue de Varenne, aujourd'hui vers
les quatre heures ?

Marie.

— Aujourd'hui ? rue de Varenne ?

Pierre.

— Oui ; je passais en voiture. Vous sortiez
d'un magnifique hôtel.

MARIE.

— Ce n'est pas moi....

PIERRE.

— Voyons !

GEORGES.

— Bien sûr, puisqu'elle était à Saint-
Germain.

PIERRE.

— C'est trop fort ! Comment, ce n'est pas
vous... avec un paquet de fleurs ?.... (*On
sonne.*)

MARIE, *tressautant*.

— Ah ! mon Dieu... ta mère... je me
sauve.

GEORGES.

— Mais non, reste au contraire !... (*Elle
sort.*)

SCÈNE V

LA COMTESSE, LUCILE, DE BRI-
VES, GEORGES, PIERRE.

La Comtesse, *dans une grande émotion.*

— Mon enfant,... mon cher enfant....

Georges, *dans ses bras.*

— Mère....

La Comtesse,

— Six mois! six mois, sans te voir...
quand on pense comme la vie est courte,
que je pourrais mourir demain!... Oh! ces
six mois, non, je ne les retrouverai jamais.
(*Ils s'étreignent encore.*)

Lucile.

— Il ne faudra plus se quitter maintenant, marraine.

GEORGES, *se détachant de sa mère.*

— Elle a raison. Nous rattraperons le temps perdu. (*Gaiement.*) Bonjour, Lucile.

LUCILE.

— Embrasse-moi donc.

DE BRIVES, *pendant qu'ils s'embrassent.*

— Et le président? Il n'y a rien pour lui?

GEORGES, *lui serrant vigoureusement la main.*

— De l'amitié qui ne finira plus, mon oncle.

PIERRE, *avec une envie de pleurer.*

— Je suis content, moi! Je ne peux pas vous dire à quel point je suis content.

LA COMTESSE.

— Certes, vous en avez le droit, mon brave Pierre! (*A Georges.*) Car il a fait, en nous réconciliant, un véritable tour de force. J'étais très méchante, tu sais, ou plutôt, j'essayais d'être méchante. J'avais défendu qu'on prononce ton nom, figure-

toi... et il me rem-
plissait tout le cœur,
ton nom. Quand je
recevais une de tes
lettres....

GEORGES.

— Tu en as reçu
souvent, je t'écrivais
chaque semaine.

LA COMTESSE.

— Oui... de-
vant le monde,
je les déchirais
sans les ouvrir,
mais pas en trop
petits morceaux;
le monde parti,
je les ramassais
tous, et je me sau-
vais dans ma chambre.
C'est là que je m'en
donnais de te lire et de te relire.

GEORGES.

— Marie te connaît bien, va! Elle avait deviné ce que tu me racontes.

LA COMTESSE.

— Vraiment! Où est-elle donc ta femme? Je ne la vois pas.

GEORGES.

— Elle est là. (*Il montre la chambre en riant.*) Elle a eu peur de ton coup de sonnette. (*Il appelle.*) Marie!

LUCILE.

— Attends. Je vais la chercher. (*Elle entre à gauche.*)

PIERRE, *toujours avec émotion, montrant Lucile.*

— Ce qu'elle ira droit en Paradis, celle-là!

DE BRIVES.

— Tu continues à croire à l'amour de Lucile pour Georges... que tu es jeunet, mon bonhomme!

SCÈNE VI

Les Mêmes, LUCILE, MARIE.

Lucile, *tenant et tirant Marie par la main.*

— Venez... mais venez donc. La voici, marraine.

Marie, *lui échappant et allant jusqu'à la Comtesse, très émue.*

— Madame.... (*Elle se penche et veut lui baiser la main.*)

La Comtesse.

— Non, dans mes bras, vous êtes la femme de mon fils.

Marie.

— J'ai été bien coupable.

LA COMTESSE.

— Vous aimiez, c'était votre excuse. Dans le premier moment, je n'ai pas su le comprendre. Oublions, voulez-vous?

MARIE.

— De tout mon cœur, madame.

LA COMTESSE.

— Appelez-moi ma mère. Désormais, je veux avoir deux filles dans ma maison, car vous allez revenir à Versailles le plus tôt possible; n'est-ce pas, Georges?

LUCILE.

— Quel bonheur! on va se retrouver ensemble. Marraine vous donne tout le pavillon.

LA COMTESSE.

— Cela vous plaît-il?

MARIE.

— Je crois bien!

LA COMTESSE.

— Vous ne serez pas à l'étroit?

Georges, *souriant.*

— Regarde ce que nous avons ici.

De Brives.

— Ici, mes gaillards? Mais j'ai connu des capitaines de dragons, du dernier mieux avec leur famille, qui n'étaient pas logés comme vous l'êtes!

Georges, *gaiement.*

— Mon oncle, j'ai quatre cents francs par mois dans les assurances.

De Brives.

— Et c'est avec ça que tu payes la couturière de ta femme?

La Comtesse.

— Elle est toujours mise....

Georges.

— Mais Marie donne des leçons de piano... elle gagne beaucoup d'argent. J'en suis même assez honteux.

Marie.

— Veux-tu bien te taire! (*A la Comtesse à*

qui elle parlait.) Oui, maman, trois pièces, puis l'antichambre, et une grande cuisine.

Lucile.

— Est-ce qu'on peut visiter?

La Comtesse, *à Georges.*

— Oh! montre-nous donc…. Ça me manquait tant de savoir comment tu vivais. C'était mon remords, vois-tu; je craignais que tu sois mal, que tu souffres de mon orgueil, de mes duretés.

Lucile, *regardant autour d'elle.*

— Voici le salon, j'imagine.

Pierre.

— Salon-cabinet de travail.

De Brives.

— Où l'on ne travaille guère.

La Comtesse, *prenant un des livres sur le bureau.*

— Tiens! mon poète….

Marie.

— Une façon de penser à sa mère,

vous voyez. Tous les soirs il faut que je lui en fasse une lecture. Malheureusement je n'ai pas été lectrice à la cour, je ne lis pas comme vous. Il me le reproche quelquefois.

GEORGES.

— Oh! Marie....

LA COMTESSE, *ouvrant le volume.*

— Il est si beau, ce livre, à quelque page qu'on l'ouvre! (*Elle déclame.*)

> Nous n'osons plus parler des roses.
> Quand nous les chantons, on en rit,
> Car des plus adorables choses
> Le culte est si vieux qu'il périt.

MARIE.

— Jamais je ne saurais lire aussi bien que vous.

LA COMTESSE, *souriant.*

— Flatteuse! qui me prend par mon faible.

GEORGES.

— Viens voir notre chambre, maman. (*Il entre avec la Comtesse, Lucile et Marie les suivent.*)

SCÈNE VII

PIERRE, DE BRIVES.

DE BRIVES, *retenant Pierre qui allait sortir aussi.*

— Pierre, Pierre.... Hein? Crois-tu?... Quand je pense que j'ai pu soupçonner cette pauvre Marie.

PIERRE.

— Alors, vos doutes sont tombés?

DE BRIVES.

— Mais c'est la plus droite, la plus simple, la plus vaillante des femmes.... Je m'en veux, je suis une vieille buse.

PIERRE.

Ainsi, vous ne croyez plus aux personnes compliquées?... la Marguerite de M. de Moncroy?...

De Brives.

— Ce n'est pas elle, j'en suis sûr...
puisque Moncroy l'a retrouvée, sa Marguerite.... Elle avait disparu pendant
quelques mois, et il était malheureux !...
Enfin il a remis la main dessus, et désormais, mystère et tourterelle... ses amis,
même les anciens, ne pénètrent plus dans
l'hôtel de la rue de Varenne.

Pierre.

— Rue de Varenne ?

De Brives.

— Oui, la vieille demeure des Moncroy....
Qu'est-ce qui t'étonne ?

Pierre, *avec effort*.

— Je ne m'étonne pas, monsieur de
Brives ; je suis en train d'acquérir de l'expérience. (*Bas.*) Cela fait beaucoup de mal.

SCÈNE VIII

Les Mêmes,
LA COMTESSE,
GEORGES,
MARIE, LUCILE.
(Ils sont depuis un instant au fond, dans la salle à manger restée ouverte.)

Lucile, *entrant au salon avec le bouquet d'orchidées.*

— Père, toi qui aimes les fleurs, regarde.

De Brives.

— Les belles orchidées!... une touffe énorme,... d'où diable vous viennent-elles?

Georges, *redescendant.*

— Marie les a trouvées à la Madeleine.

De Brives.

— A la Madeleine, ce bouquet-là ! Elle en aurait eu pour au moins deux cents francs... et puis, sur les marchés il n'y en a pas.

Georges, *appelant*.

— Marie !

Marie, *qui entre*.

— J'entends bien ; mais ça ne vient pas du marché.

Georges.

— Ah ! je croyais.... Tu m'avais dit....

Marie.

— Non, je les ai apportées de Saint-Germain.

De Brives.

— Parbleu ! il faut des serres, une surveillance.... (*A Pierre.*) Tiens ! Pierre, je te parlais de Moncroy, c'est chez lui qu'il y en a, des orchidées !

MARIE, *vivement*.

— Ma sœur aussi, à Saint-Germain, en possède une belle collection.

LA COMTESSE.

— Vous avez une sœur à Saint-Germain, Marie?

MARIE.

— Oui, la femme du garde général.

12.

DE BRIVES.

— De mon temps, quand je chassais, le garde général habitait la Faisanderie, au milieu des bois.

GEORGES. *soucieux depuis un moment.*

— La Faisanderie? (*Il regarde sa femme.*)

MARIE.

— Ils sont rentrés en ville depuis novembre.

LUCILE. *redescendant, après avoir remis les fleurs à leur place.*

— La jolie salle à manger... qu'elle est gaie !

MARIE.

— Vous savez, mignonne, la table est large... si vous vouliez diner avec nous!... (*A la Comtesse.*) Maman... M. de Brives... ce serait gentil.... Pas vrai, Georges ?

GEORGES, *distrait.*

— Certainement.

LUCILE.

— Qu'en dites-vous, marraine?

DE BRIVES.

— Mais vous n'y pensez pas, mes enfants...
et mon cercle? et la représentation de ce
soir?... il faut qu'Henriette et Lucile s'habil-
lent, qu'on dîne à la six quatre deux. C'est
que j'ai des affaires autrement sérieuses que
ces histoires de famille! (*Avec emphase.*) je
joue ma présidence, moi.

LUCILE, *gaiement*.

— Oh! alors... la présidence des Hannetons!

DE BRIVES.

— Allons, viens, Henriette.

LA COMTESSE, *embrassant son fils*.

— Nous nous reverrons demain, Georges.

GEORGES.

— Vous ne rentrez pas à Versailles?

LUCILE.

— Non, non.... On danse après la comédie (*triomphante*), et je couche enfin chez papa.

DE BRIVES, *au fond.*

— En route !

(*Ils passent tous dans l'antichambre, moins Lucile et Georges.*)

LUCILE, *à part, au moment de sortir.*

— Comme ils doivent être heureux ici !... c'est ma place pourtant qu'on m'a prise.... (*Haut.*) Adieu, Georges.

GEORGES, *toujours distrait.*

— Adieu.

DE BRIVES, *appelant du dehors.*

— Eh bien! ma fille?

SCÈNE IX

GEORGES, *puis* MARIE *et* PIERRE.

GEORGES, *songeant.*

— Pourquoi m'a-t-elle menti, à propos de ces fleurs?

MARIE.

— Dieu! que ta mère est bonne, Georges; et comme elle a été grande dame!... jamais je n'oublierai.... Qu'est-ce que tu as? *(Un court silence.)*

PIERRE.

— En effet, je le remarque depuis un moment, il n'a pas son visage ordinaire. À cause?

GEORGES.

— Laisse; je n'ai rien.

Marie.

— Si, l'abbé, il me boude, il m'en veut...
et je sais de quoi... il a revu Lucile, et il
compare...

Georges.

— Oh!

Marie.

— Je n'ai plus vingt ans, moi; j'ai perdu
ce charme de jeunesse, cette fraîcheur.... Il
me connaît trop.

Georges.

— Tais-toi, tu me fais de la peine.

Marie.

— Tu ne m'en fais donc pas? C'est donc
parce que tu vas reprendre tes habitudes,
la vie large, chevaux, domestiques, que tu
n'es plus mon Georges; que je retrouve un
mari pincé, glacial, un mari de ton monde,
(*s'attendrissant*) à la place de celui que
j'avais?

Georges, *s'approchant d'elle, ému.*

— Voyons, ma mignonne.

Marie, *le repoussant.*

— Oh! plutôt que de te voir ainsi, j'aimerais cent mille fois mieux rester

toute seule dans notre petit coin, avec mes souvenirs.

Georges, *comique attendri.*

— Ah! voilà bien la femme... c'est moi qui vais être coupable maintenant!

PIERRE.

— Mes amis, mes amis, vous n'êtes pas justes. Comment! vous vous querellez, au lieu d'être heureux, de remercier la Providence... oui, la Providence, qui use de si faibles moyens pour rapprocher les cœurs.

GEORGES.

— J'avoue que cette réconciliation mira-culeuse.... Mais au fait, tu ne m'as pas dit comment....

PIERRE.

— Une carte, une simple carte de visite, a tout fait. Un ami qui voulait te voir, juste au moment de ta grande scène avec ta mère, comme Marie et toi vous veniez de partir. Nous étions là, tous, à nous regarder, sans oser ouvrir la bouche; tu comprends, on demandait M. Georges et il nous était défendu même de prononcer ton nom. Enfin ta mère se décide à répondre : « Mon fils n'habite plus ici, mon fils ne reviendra jamais », les larmes l'étouffent, et moi, de voir pleurer ton inflexible maman, je me dis : « J'enlèverai l'affaire », et je l'ai enlevée.

GEORGES.

— Quel était donc ce visiteur providentiel ?

MARIE, *très gaie*.

— Comment veux-tu qu'il se rappelle ! Il y a six mois....

PIERRE.

— Je me rappelle d'autant mieux qu'il est venu à mon église, hier, pour avoir ton adresse. A l'époque il n'avait pas eu le temps de s'arrêter, mais cette fois, il s'installe à Paris, et ne retourne plus au Maroc.

GEORGES, *avec un cri*.

— Olivier, parbleu !... oh ! que c'est drôle... nous parlions de lui, là, tout à l'heure.... (*Appelant.*) Marie !...

MARIE, *de la salle à manger*.

— Quoi ?

GEORGES.

— Olivier qui est à Paris.... Olivier qui me cherche... pendant que nous sommes en train de lire ses lettres !

PIERRE.

— Il m'a promis de venir ce soir, après son dîner.

MARIE, *dans un élan de colère.*

— Chez moi ? ici ? ce soir ? (*Subitement très douce.*) Oh ! pourquoi ce soir ? Nous étions gais, nous allions dîner tranquillement, tous les trois ; on se connaissait bien, et puis voilà qu'un étranger....

GEORGES, *gaiement.*

— Mais ce n'est pas un étranger.

MARIE, *serrée contre lui.*

— Je t'en prie, mon Geo, je t'en prie, ne me gâte pas une journée si belle. Tu

refuses? (*Navrée.*) Je n'ai pas de chance...
pas de chance.

Georges.

— Ne t'émotionne pas, chérie.... Je ne
t'ai jamais vue dans un état pareil.... Mon
Dieu, s'il te déplaît que ce garçon nous
arrive ce soir, je peux lui écrire.

Pierre.

— Rien de plus facile; il est à l'hôtel de
Londres.

Marie.

— C'est ça, écris-lui... mais tout de suite.

Georges, *à sa table.*

— Que tu es enfant!... allons. (*Il écrit.*)

Marie, *joyeuse.*

— N'est-ce pas, Pierre, que la réunion
sera plus intime? Un jour comme aujour-
d'hui, après cette heureuse réconciliation,
on a bien des choses à se dire! Malgré tout,
ce monsieur nous aurait gênés. (*A Georges.*)
Faut-il appeler la mère André?

GEORGES, *fermant sa lettre.*

— Non, qu'elle reste à son dîner. J'y vais moi-même. Un dimanche, elle ne saurait pas trouver de commissionnaire. (*Il écrit l'adresse.*) « M. Jacques Olivier, hôtel de Londres. » Voilà qui est fait.... Je descends, et je remonte. (*Il sort.*)

SCÈNE X

MARIE, PIERRE

MARIE, *après avoir
écouté un ins-
tant à la porte
d'entrée, va fer-
mer la salle à
manger, puis
redescend droit
à Pierre.*

— L'abbé.

PIERRE, *se re-
tournant.*

— Madame?

MARIE, *sans le
regarder.*

— Eh bien, oui, la femme de la rue de
Varennes, c'était moi.

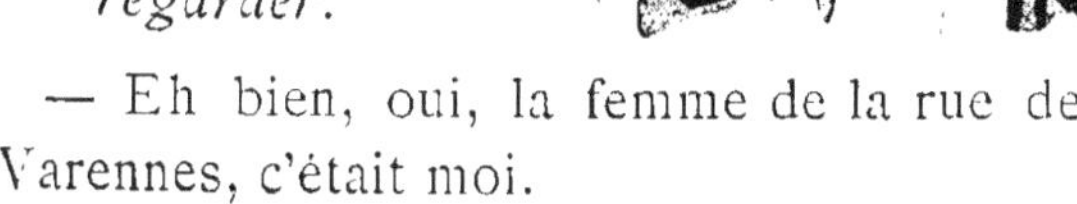

PIERRE.

— Je le savais.

MARIE.

— Je sortais de chez une amie. (*Mouvement du prêtre.*) Une excellente amie que Georges me défend de voir. Mais elle est tellement à plaindre en ce moment, que je n'ai pas pu obéir.... Tous les malheurs, imaginez-vous, toutes les détresses.... Coupable, certainement très coupable !... un passé odieux, un passé d'adultère et de fraude, qu'elle a tenu caché, à l'aide des pires mensonges. Mais tout cela, tant qu'elle n'a pas aimé ! (*Baissant la voix, détournant les yeux.*) Elle est allée jusqu'à se procurer même de faux papiers... pour qu'on ne sût pas son vrai nom, pour épouser l'homme de son choix, pour tâcher d'être heureuse enfin. Elle ne l'avait jamais été.

PIERRE.

— Pauvre femme !

MARIE, *s'animant à mesure, comme égarée.*

— Oh ! oui, plaignez-la.... Mariée selon

son cœur maintenant, un être qu'elle adore,
et qui le lui rend du profond de son âme,
elle a été obligée de le tromper, de mentir
de nouveau, afin de défendre son bonheur,
afin d'échapper à un ancien amant qui
s'acharnait à elle, la poursuivait, la mena-
çait de tout dire.... Oh ! le supplice de
trahir un jeune mari qu'on aime... et cela
n'a servi à rien.... Sauvée de ce danger,
voici qu'un autre danger se lève, plus
terrible encore, inattendu, inévitable. Il est
proche, il vient, elle l'entend.... Pitié, mon
Dieu, pitié !

PIERRE.

— Que puis-je faire?

MARIE.

— Je ne sais, moi... mais vous êtes prêtre,
et j'ai pensé qu'en m'adressant à vous, en
vous montrant cette infortune, cette femme
déjà punie, par ses remords, ses terreurs....

PIERRE, *lentement, avec intention.*

— Oui, je suis prêtre, et mon devoir est
de la secourir, la pauvre pécheresse ; surtout

si son repentir est sincère, s'il ne cache pas
de nouveaux détours. Mais, quoique prêtre,
je ne suis qu'un enfant, beaucoup de choses
de la vie m'échappent.... Il faudrait que
votre amie vînt me parler demain matin au
confessionnal, et, sans doute, alors, avec
Dieu derrière moi....

MARIE, *mouvement de colère.*

— Oh! toujours Dieu... il s'agit bien de
Dieu! c'est votre protection matérielle, c'est
un secours immédiat que je demande.

PIERRE, *la regardant, bien en face.*

— Pour qui? Ne mentez plus. Pour qui?

MARIE.

— Chut.... Georges!

SCENE XI

Les Mêmes, GEORGES, *puis* LA MÈRE
ANDRÉ.

Georges.

— Je n'ai pas eu la peine de courir, j'ai
trouvé un commissionnaire à la porte. Nous
aurons donc notre soirée toute à nous.

Marie.

— Merci, Georges.

La mère André, *ouvrant la salle à manger.*

— Madame est servie.

Georges.

— Allons, à table! (*Pierre remonte et Georges s'approche de Marie, debout devant la glace.*) Viens-tu?

Marie, *tendrement.*

— Tu as fini de bouder?

Georges.

— Il y a longtemps! (*Il l'embrasse.*) Je t'aime!

Pierre, *dans la salle à manger.*

— Mère André, votre potage a un de ces parfums....

Georges, *se mettant à table.*

— Délicieux.... Ah! dis donc, Marie....

j'ai invité Olivier à déjeuner demain matin.
(*Pierre, dans le fond, ébauche le signe de
croix du Benedicite.*)

MARIE, *toujours devant la glace, en train de refaire son visage ; bas, lentement et pour elle-même.*

— Olivier !... Alors, moi, qu'est-ce que je vais devenir demain ?

(*Rideau.*)

ACTE III

*Une chambre à coucher avec un lit au fond,
à droite, orné de grandes courtines ; porte
au fond et porte à gauche. Une cheminée à
droite. Commode, armoire à glace, chaise
longue, fauteuil, petit guéridon pour écrire,
chaise basse. Une malle ouverte, presque au
milieu de la scène. Les tiroirs de la commode
et l'armoire sont ouverts. Une photographie sur
la cheminée. Du feu.*

SCÈNE PREMIÈRE

Marie, *seule.*

(Elle est assise, en peignoir, au guéridon, et relit tout haut, fiévreusement, ce qu'elle vient d'écrire.)

— « Mon chéri, je m'en vais, je pars. Ne me cherche pas. Nous ne devons plus nous revoir. Je t'aime, j'ai le cœur plein de toi ;

14.

et il faut que je parte, malgré tout. » (*Parlé.*)
(Quelle abomination!... (*Lisant.*) « Un jour,
on voudra m'accuser, on essaiera de me
nuire dans ton esprit.... ne crois personne.
Quelque chose de très grave, d'inattendu,
d'impossible à dire, me réclame, me force
à te quitter. voilà.... O mon amour, comme
je souffre, et comme je te regrette, bien
que je sois encore chez nous, au milieu de
nos affaires! (*Elle regarde autour d'elle,
en pleurant.*) Adieu, pourtant, mon trésor,
adieu. Je n'ai pas le courage de t'en
écrire plus long, mais je t'aime, tu peux
le croire, c'est la vérité, je t'aime avec
reconnaissance, je t'aime éperdument. »
(*Elle ferme la lettre et appelle.*) Mère
André! Mère André!

SCÈNE II

MARIE, LA MÈRE ANDRÉ.

Marie.

— Quand monsieur reviendra, vous lui donnerez ceci.

La mère André, *stupéfaite*.

— Comment! vous ne serez donc pas là pour le déjeuner, madame?

Marie.

— Non,... je ne sais pas,... allez, allez. (*La mère André sort.*)

SCÈNE III

Marie, *seule*.

— Pauvre Georges ! Va-t-il en avoir du chagrin. Mais quel autre moyen d'en sortir ? Cet homme qui va venir me déteste. Il racontera tout à mon mari, qui, à son tour, découvrira combien j'ai été lâche, infâme, que je l'ai trompé lui aussi, même en l'aimant, en l'adorant.... Partir ! oui, partir ! Il n'y a que cela ; rester est impossible.... Voyons ! ai-je tout mis dans la malle ? (*Regardant la cheminée.*) Ah ! le portrait de

Georges…. Il est à moi, il me l'a donné, je l'emporte. (*Tenant le portrait.*) Oh! mon Geo, mon petit Geo. Je vais donc te quitter…. Je ne te verrai plus…. (*Baisers frénétiques.*) Non, non, je ne peux pas…. Je ne pourrai jamais…. A quoi bon partir, d'ailleurs! Où aller? Quelle route suivre? (*Avec un immense dégoût.*) Oh! recommencer une existence de mensonge…. inventer des choses qu'on découvre toujours…. Oh! changer de nom, une fois de plus, se cacher, se déguiser, retourner chez le vieux Moncroy…. J'espérais tant que c'était fini…. Je me voyais si près du bonheur; riche demain, et riche par celui que j'aime!… Non, je ne m'en irai pas. Ma première idée valait mieux…. Mourir… évidemment mourir…. (*Regard à l'armoire.*) J'ai là ce qu'il me faut. Georges comprendra que je n'ai pas voulu me séparer de lui, que j'en avais assez de mal faire. Oh! oui, mourir, je l'ai mérité. Ça, ce sera bien…. Ce sera droit…. Ce ne sera pas du mensonge! (*Elle sonne.*)

SCÈNE IV

MARIE, LA MÈRE ANDRÉ.

MARIE.

— Ma lettre. la lettre pour monsieur?

LA MÈRE ANDRÉ, *la prenant dans la poche
de son tablier.*

— Voilà, madame.

MARIE.

— J'ai changé d'avis, je ne sors plus.
(*Elle déchire la lettre et la jette au feu.*)

LA MÈRE ANDRÉ, *rayonnante.*

— Madame a bien raison de ne pas s'en
aller. Des bisbilles, ça ne compte pas dans
les ménages. (*Au moment de sortir.*) Ah!
m'sieu Georges qui rentre.

Marie, *à part.*

— Georges! (*Elle fait brûler, du bout de son pied, ce qui reste de la lettre.*)

SCÈNE V

MARIE, GEORGES.

Marie, *gaiement*.

— Ah ! le chéri…. Tu viens de ton bureau ? Tu as averti que tu n'y retournerais plus ?

Georges, *l'air grave*.

— Je n'ai pas été à mon bureau. J'arrive de Saint-Germain.

Marie, *étouffant un cri*.

— Oh !

Georges.

— L'oncle avait raison. Il n'y a pas de garde général à Saint Germain. Il habite la Faisanderie. J'y suis allé, je l'ai vu. Tu n'as pas de sœur. Le garde général n'est pas marié. (*Un temps.*)

MARIE, *prête à pleurer*.

— Georges, tu ne m'aimes plus.

GEORGES.

— Je ne t'aime plus? Mais, si je ne t'aimais plus, aurais-je passé ma nuit à me dévorer sur ce mensonge que tu m'as fait hier, cette histoire d'orchidées venant de je ne sais où?

MARIE.

— Ah! c'est donc ça, ta mine de toute la soirée?

GEORGES.

— Oui, j'avais cru que je pourrais oublier, mais dans le noir, peu à peu, des idées folles m'ont assailli, un soupçon en a amené un autre; et ce matin, je suis parti là-bas.

MARIE.

— Pourquoi? Il fallait me demander. Je

t'aurais dit où j'avais acheté ces fleurs, et que les ayant payées trop cher, vu nos ressources, — je n'avais pas osé te l'avouer d'abord. Voyons, Georges, tu sais bien comme je suis dépensière.

Georges, *ébranlé*.

— Et le garde général? et la sœur?

Marie.

— Encore un enfantillage. une vanité ridicule.... Le mari de ma sœur n'est qu'un simple garde, et pour les tiens, pour toi, j'ai eu honte d'une parenté aussi mesquine.

Georges.

— Alors, il est à Saint-Germain, ton beau-frère?

Marie.

— Il y était, mais depuis quinze jours on l'a envoyé près de Fontainebleau, dans un petit village.

Georges.

— Quel village?

MARIE, *sans hésiter*.

— Le Moulin-Joli.... Et je peux te le prouver, j'ai une lettre là. (*Elle ouvre l'armoire, prend un flacon qu'elle cache dans sa poche.... Faisant semblant de chercher.*) Mon Dieu! vóilà que je ne la trouve plus cette lettre. Au fait, est-ce que je ne l'ai pas brûlée ?... Mais si, avec une foule d'autres papiers, tout à l'heure, quand tu rentrais. (*Montrant la cheminée.*) Tu peux voir, du reste.

GEORGES.

— Pas de chance.... Donc, c'est à Fontainebleau que tu as passé ta journée?

MARIE.

— Certainement.

GEORGES.

— Eh bien! Vite, une robe, ton chapeau, et en route. Nous allons à Fontainebleau, tous les deux.

MARIE.

— Oh! s'il ne t'en faut pas plus.... Quel temps fait-il? Quelle robe vais-je mettre?

Georges, *sombre.*

— C'est ça qui m'est égal !

Marie, *qui commençait à dégrafer son peignoir.*

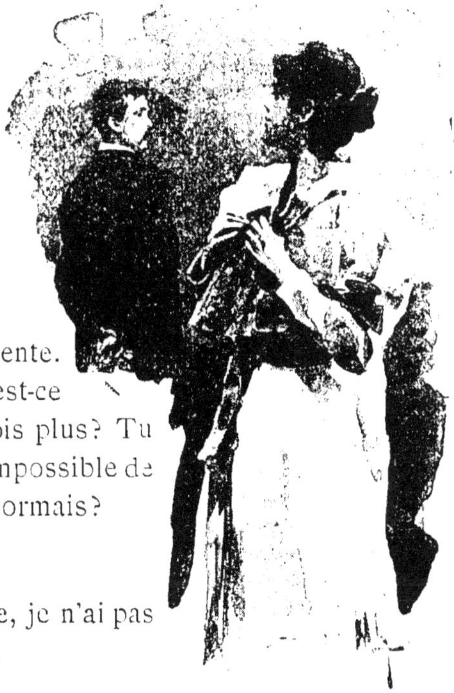

— Ah ! tu le prends ainsi.... Eh bien, non ! je n'irai pas à Fontaine-bleau.... Pars seul. si tu veux ; moi, je ne me dérange pas pour un homme à qui je suis indifférente. Car c'est fini, n'est-ce pas ? Tu ne me crois plus ? Tu ne m'aimes plus ? Impossible de vivre ensemble désormais ?

Georges.

— Voyons, Marie, je n'ai pas soufflé mot de cela.

Marie.

— Mais si, mais si. Qu'est-ce qu'une vie à

deux sans confiance ni tendresse? Je suis trop fière pour la supporter, moi.... Il vaut mieux nous séparer. C'est d'ailleurs ce que tu désires. Je l'ai vu hier, quand Lucile était là. Eh bien! séparons-nous.

GEORGES.

— Marie!... mais tu es folle!

MARIE, *sanglotant tout à coup*.

— Qui m'aurait dit ça, pourtant! Après dix mois de mariage... toi qui prétendais m'aimer au-dessus de tout!

GEORGES, *la prenant dans ses bras, malgré une résistance*.

— J'ai eu tort, ma chère petite femme.... Je conviens que j'ai eu tort. Oui, ce ne sont que des enfantillages, qui ne valaient pas la peine de se fâcher.

MARIE.

— Méchant!

GEORGES.

— Que veux-tu? On est jaloux, on est soupçonneux, quand on aime.

MARIE.

— Tu ne m'aimes pas.

GEORGES.

— C'est toi plutôt qui ne m'aimes pas

MARIE.

— Je ne t'aime pas?

GEORGES.

— Non, tu ne m'aimes pas.

MARIE.

— C'est toi qui....

GEORGES, *lui coupant la parole avec un éclat de rire.*

— Il faut en finir pourtant. Embrassons-nous. (*Ils s'embrassent.*)

MARIE.

— Ah! qu'on est bien dans tes bras.... Comme je suis heureuse qu'il n'y ait plus un nuage entre nous!... Il n'y a plus rien, dis?

GEORGES, *très doux*.

— Seulement, promets-moi de ne plus mentir, même pour des niaiseries. Le mensonge m'inspire une telle horreur.... Tiens! le malheureux Olivier que nous attendons ce matin....

MARIE, *bas, tressautant*.

— Je n'y pensais plus.

GEORGES.

— Je veux qu'il te raconte ses chagrins, ce qu'il a souffert. (*On sonne; Marie se dresse brusquement.*)

MARIE.

— On sonne. Tu entends?

GEORGES.

— Ce sont nos invités.... Et tu n'es pas

prête! Habille-toi, habille-toi. (*Georges va
vers la porte.*)

MARIE.

— Georges... écoute. (*Il revient vers elle.*)
Ne t'en va pas.... Ne me laisse pas.

GEORGES.

— Qu'as-tu?

MARIE.

— Je m'ennuie.... J'ai peur.

GEORGES.

— Peur?

MARIE.

— Si je mourais.... est-ce que tu aurais
beaucoup de peine?

GEORGES.

— Quelle idée!

MARIE.

— Réponds-moi.

GEORGES.

— Parbleu! Si tu mourais, je n'aurais
plus de raison d'être.... C'est ma vie que tu

emporterais, toutes mes joies, mon souffle, ma lumière.

MARIE, *se berçant sur son épaule.*

— Bien, bien, mon Georges. Dis-moi des choses douces, des choses tendres, des choses qui encouragent. Je m'en veux, j'ai des remords.

GEORGES.

— Pour cette querelle que je t'ai faite? Mais je ne m'en souviens déjà plus. Je te dois tant de belles heures, tant d'heures inoubliables.

MARIE, *toujours sur son épaule.*

— C'est comme cela que l'on doit être, lorsqu'on a eu d'ardents plaisirs l'un par l'autre, lorsqu'on sait que la destruction guette les mieux vivants, les plus forts.

GEORGES.

— Est-ce qu'on parle de destruction, quand on a ta jeunesse !... Tu auras fait quelque mauvais rêve. Attends que je souffle dessus. (*Lui soufflant dans les cheveux.*) Pfft! parti.... Passe ta robe, maintenant, et viens; nos amis doivent être inquiets de nous.

MARIE.

— Est-ce qu'il est là... Olivier?

GEORGES.

— Je ne sais pas, je vais voir. (*Il sort.*)

SCÈNE VI

MARIE, *puis* GEORGES.

(Elle se dirige à son tour vers la porte et elle écoute.)

MARIE.

— Je n'entends pas sa voix. Non, il n'est pas arrivé; mais il le sera d'une minute à l'autre. Allons, allons, il le faut.... Soyons brave.... Et puis c'est si vite fait,... dans un quart d'heure, tout sera fini ! *(Elle tire le flacon de sa poche, le vide d'un trait.)* Pouah ! que c'est amer.... *(Elle le jette. Un silence.)* Je ne souffre pas.

GEORGES, *passant la tête dans l'entre-bâillure de la porte.*

— C'est l'oncle et l'abbé.

MARIE.

— L'abbé? Envoie-le-moi, j'ai quelque chose à lui dire.

GEORGES.

— A Pierre? (*Il disparaît.*)

SCÈNE VII

MARIE, *puis* L'ABBÉ.

Marie, *tout bas à Pierre qui entre.*

— Fermez la porte. (*Elle attend qu'il soit tout près.*) Vous m'avez dit hier : « ne mentez plus.... » Mon père. je ne mens plus. L'amie si malheureuse, si coupable, dont je vous racontais l'histoire, est en face de vous. Elle n'a pas pu se rendre au confessionnal comme vous le vouliez. Mais, le prêtre ayant le droit d'absoudre partout où il se trouve, elle vous demande la rémission de ses fautes, avant de paraître devant Dieu.

Pierre, *tout tremblant.*

— Devant Dieu?

Marie.

— Je suis condamnée, je vais mourir.

PIERRE.

— Vous?

MARIE.

— Croyez-moi, je vous jure que je vais mourir; et, pendant que nous sommes seuls, n'attendez pas que le délire m'aveugle, m'affole... donnez-moi l'absolution. (*Avec un grand soupir, la voix toute changée.*) Oh! que j'ai mal....

PIERRE.

— Vous souffrez, Marie?

MARIE.

— Horriblement.... Vite... dans quelques minutes il serait trop tard. (*Elle s'agenouille à demi sur la chaise basse, face au public, hale-*

tante.) Dites les mots que je dois dire. Je les ai oubliés. Je ne sais plus.

PIERRE, *debout près d'elle.*

— Bénissez-moi, mon père, parce que j'ai péché.

MARIE.

— Oh ! oui, toujours péché, toujours menti. Même celui que j'aime le plus, que j'adore, il a fallu le tromper bassement, il a fallu lui mentir à lui, si bon, si loyal, pour qu'il ne sache pas qui j'étais, ce que j'avais fait.... Et voilà qu'il va le savoir tout de même....

PIERRE.

— Reposez-vous.

MARIE.

— Non, non... alors... voyant le châtiment arriver, devant tout ce que j'allais subir d'affronts, d'outrages, de dégoûts, j'ai été lâche, j'ai attenté à ma vie....

PIERRE, *haut.*

— Malheureuse !

MARIE.

— Chut ! *(Bas.)* J'en demande pardon à Dieu, et à vous, mon père.

PIERRE, *à demi-voix, avec un geste de rédemption.*

— *Absolvo te, quia peccasti, mn mn mn....*

MARIE.

— C'est fini?

PIERRE.

— Oui

MARIE.

— Ah ! je n'en pouvais plus. (*Elle tombe sur la chaise, épuisée.*)

PIERRE.

— Mais il faut qu'on vous soigne. Je vais appeler. Marie.

Marie, *se levant et l'arrêtant.*

— Taisez-vous, je veux mourir sans qu'on sache. Vous n'avez le droit de rien dire. Ce n'est pas votre secret. C'est celui de la confession.... Ah! (*Elle fait un pas et tombe évanouie sur un fauteuil.*)

Pierre, *éperdu, appelant.*

— Georges! Monsieur de Brives!

SCÈNE VIII

Les Mêmes, GEORGES, DE BRIVES.

PIERRE.

— Venez vite, elle était là, elle me parlait....

GEORGES, *se précipitant*.

— Oh! mon Dieu, comme elle est pâle, et ses mains de glace.... (*Penché sur elle.*) Marie... ma petite Marie.... (*Allant à la porte du fond.*) Mère André, un médecin, vite. Il y en a un dans la maison.

DE BRIVES, *à Georges revenu près de Marie.*

— Ne t'effraye donc pas, mon camarade, ce ne sera rien. Un malaise....

GEORGES.

— C'est de ma faute. Je suis sûr que c'est moi, avec mes sots reproches, qui l'ai mise dans cet état.

Pierre, *il tient la main de Marie.*

— Elle respire moins difficilement.

Marie, *revenant à elle.*

— Ah! c'est Georges... et l'oncle... et vous. (*Se penchant et regardant avec effroi.*) Vous êtes seuls?... il n'y a personne autre?

Georges.

— Personne. Tu te sens mieux, ma chérie?

Marie.

— Oui, mais si lasse... ah! brisée.... Mène-moi jusqu'à mon lit.

Georges, *vivement.*

— Attends, je te porte.

Marie.

— Non, non, ne me touche pas. Tout me fait mal.

Pierre, *sur le devant de la scène, bas.*

— Que faut-il que je fasse? Éclairez-moi, Seigneur, montrez-moi mon vrai devoir.

SCÈNE IX

Les Mêmes, *puis* LA MÈRE ANDRÉ,
le Médecin.

PIERRE.

— Bonjour, docteur. (*A mi-voix.*) Georges!

GEORGES.

— Ah! merci, monsieur.

PIERRE, *à Georges qui redescend, tout
agité.*

— Qu'est-ce que tu cherches?

GEORGES.

— Une cuillère.... Elle a les dents tellement serrées!

PIERRE.

— Tiens. (*Georges prend la cuillère et
remonte vers le lit.*)

PIERRE, *à de Brives.*

— A votre place, monsieur, j'irais prévenir la Comtesse.

DE BRIVES.

— Ces dames viendront ce matin ; elles désirent se rencontrer avec Olivier.... Mais tu crois donc que c'est si grave ?

PIERRE.

— Je sens un grand malheur sur cette maison, monsieur de Brives.

LE MÉDECIN, *au fond, fermant les rideaux du lit.*

— A présent, laissons-la reposer.
(*Il redescend avec Georges.*)

DE BRIVES.

— Elle est plus calme ?

LE MÉDECIN.

— Oui.

GEORGES, *devant le guéridon, bas.*

— Voilà de quoi écrire, docteur.

Le Médecin, *assis, écrivant et parlant, la voix baissée.*

— Comme je vous le disais, monsieur,... pour moi, volontaire ou non, c'est un empoisonnement.

Pierre, *malgré lui.*

— Bien sûr,... pas le moindre doute....

De Brives.

— Voyons, messieurs, pourquoi cette jeune femme se serait-elle empoisonnée?

Le Médecin.

— Elle n'a eu aucun chagrin?...

Georges.

— Aucun.... Si, une querelle, ce matin, mais je ne saurais croire....

De Brives.

— Parbleu!

Pierre, *insistant.*

— Il y a l'accident aussi,... une boisson mauvaise.

Georges.

— Elle n'a rien pris depuis hier.

De Brives.

— Enfin, que dit-elle?

Le Médecin, *finissant d'écrire son ordonnance*.

— Pas un mot…. En tout cas, les symptômes sont probants. J'écris mon ordonnance d'après cela.

Pierre, *prenant l'ordonnance*.

— Donnez. Je vais moi-même et je la rapporte. (*Il sort au fond.*)

Georges, *au médecin qui se lève.*

— Vous reviendrez bientôt, docteur?

Le Médecin.

— Certes!

Georges.

— Le danger est donc très grand?

Le Médecin.

— Très grand. (*Prenant son chapeau.*)
A tout à l'heure. (*Il sort.*)

SCÈNE X

Les Mêmes, *moins* PIERRE *et* Le
Médecin.

De Brives. *à Georges.*

— Si on prévenait sa
sœur?

Georges.

— C'est trop loin, elle
habite près de Fontaine-
bleau maintenant,... au
Moulin-Joli.

*(Il sanglote en silence,
pendant qu'apparaît,
dans les rideaux du lit
entr'ouverts, la figure
pâle de Marie qui guette,
écoute.)*

Georges, *tout bas.*

Ah! mon Dieu, mon Dieu,... il me

semble que je rêve.... (*A de Brives.*) Mais il y a son amie, Mme Guibert, presque une parente....

MARIE, *au fond, presque sans voix.*

— Non, je ne veux pas.

GEORGES, *sans l'entendre.*

— Chaussée-d'Antin, 12, le banquier.... Voulez-vous courir jusque-là, mon oncle ?

MARIE, *qui se lève.*

— Non, non. Je ne veux pas qu'on y aille. (*Elle vient vers eux.*)

GEORGES.

— Marie !... Que fais-tu ? Qu'est-ce que tu as ?

DE BRIVES.

— Imprudente !

MARIE.

— Non, monsieur de Brives, je vous en prie....

GEORGES.

— Allez, allez, mon oncle. (*De Brives sort.*)

SCÈNE XI

GEORGES et MARIE.

Marie.

— Ah! je suis perdue, je suis perdue....
(*Elle va s'abattre en pleurant sur la chaise
longue.*)

Georges, *près d'elle.*

— Mais tu n'es pas perdue, ma mignonne.
Il ne faut pas t'effrayer. Ce que tu as n'est
presque rien. Si j'ai prévenu ton amie, c'est
en attendant notre mère, pour que tu aies
les soins d'une femme. Les femmes sont
plus douces, meilleures gardes-malades.

Marie, *pleurant toujours.*

— Tu ne comprends pas,... tu ne comprends pas,... je ne voulais pas qu'on y
aille.... Tu as fait de l'irréparable!

Georges.

— Que dit-elle? C'est le délire. (*La porte
s'ouvre.*) Voilà maman! (*Bas, à la Comtesse.*)
Ah! mère, mère, je suis désespéré!

SCÈNE XII

LES MÊMES, LA COMTESSE, LUCILE.

LA COMTESSE, *à Georges.*

— Tais-toi, tais-toi. (*A Marie.*) Qu'est-ce qu'on me raconte ? Ma fille. souffrante ?

MARIE.

— C'est vous, maman ? Avec Lucile ? Ah ! quelle joie,... quelle joie de vous revoir... avant la fin.

LA COMTESSE.

— Avant la fin ?... Voulez-vous bien ne pas dire de folies ! Mais on va vous guérir. Nous venons vous chercher, Marie.

LUCILE.

— Vous emmener à Versailles ! Marraine donnera une grande fête pour le retour des enfants prodigues.

LA COMTESSE.

— Tout ce qu'on voudra. Je vous dois un arriéré de tendresse, ma chère fille, et je tiens à m'acquitter envers vous.

MARIE.

— Vous êtes bonne.

LUCILE, *à Marie.*

— Si marraine donne ce bal, il faudra que vous ayez une toilette superbe.

MARIE, *tristement.*

— Ça se paye trop cher.

GEORGES, *essayant de rire.*

— Puisque nous sommes riches, maintenant !

LA COMTESSE.

— Je crois bien !... ma fortune n'est-elle pas à vous ?... Oh! vous avoir chez moi, ne plus être qu'une famille unie, joyeuse.

MARIE.

— Et Lucile ? Est-ce qu'elle me désire autant que vous ?

LUCILE.

— Moi, depuis que vous êtes partis, tous
les deux, je n'ai plus eu qu'une pensée :
votre retour.

MARIE.

— Pauvre petite Lucile ! Je la vois encore
dans ce grand salon, disant, les yeux gros
de larmes : « Je ne l'aime pas... nous ne
nous aimons pas. » Comme elle a menti !
C'est la seule fois, n'est-ce pas, maman?
Elle l'a fait, elle, le beau mensonge, celui
dont on a le droit d'être fier ! Mais vous
aurez votre récompense, allez, chère petite,
quand je ne serai plus là, avant peu.

LUCILE, *pleurant*.

— Oh ! ne parlez pas ainsi. Vous savez
bien que Georges vous aime uniquement,
que par vous seule il peut être heureux.

GEORGES, *à Marie*.

— Vois, elle pleure. Tu nous déchires
tous. (*La porte du fond s'ouvre.*)

MARIE, *terrifiée.*

— Qui est là ?

GEORGES.

— C'est Pierre.

SCÈNE XIII

Les Mêmes, L'Abbé.

Pierre.

— Avec l'ordonnance.

Georges.

— Le remède qui va te guérir.

Marie.

— Me guérir?... Montre.

La Comtesse.

— Un verre! Un verre!

Marie, *laissant tomber la bouteille qui se brise, au milieu de l'émoi général.*

— Ah! que je suis maladroite.

Pierre, *à part.*

— Malheureuse! Elle veut mourir.

MARIE, *souriant tristement.*

— Bah! ils n'ont jamais sauvé personne,
les remèdes.

GEORGES.

— On va le refaire.

PIERRE.

— Et tout de suite.

MARIE.

— Oh! comme je souffre.... Oui, Pierre,
allez, allez, c'est trop cruel ; qu'on me
soulage ! (*Pierre sort.*) Ah! mon petit
Georges, brave garçon. Que d'ennuis je
t'aurai causés!... Que de peine tu vas avoir!

SCÈNE XIV

Les Mêmes, DE BRIVES.

De Brives, *bas.*

— Georges! Georges!

Georges, *allant à lui.*

— Vous êtes seul?

De Brives.

— Mais, mon ami, je ne m'explique pas ce qui arrive. C'est extraordinaire! Je sors de chez ce banquier, Chaussée-d'Antin, tu te seras trompé d'adresse.

Georges.

— 12, Chaussée-d'Antin?

De Brives.

— Parfaitement. M. Guibert est veuf, il

n'a pas de fille et n'a jamais entendu parler
de Mme Nattier.

MARIE, *qui écoute.*

— Mon Dieu! mon Dieu!

GEORGES.

— Pourtant, un jour, j'ai conduit Marie
jusqu'à la porte.

DE BRIVES.

— Le plus fort, c'est qu'en voyant ça, je
suis passé au télégraphe pour prévenir la
sœur. C'est bien le Moulin-Joli, près de
Fontainebleau?

GEORGES.

— Oui.

DE BRIVES.

— Il n'y a pas de village de ce nom. On
a refusé ma dépêche.

GEORGES, *immobile, songeur.*

— Oh! ce serait horrible!... Et pourtant,

cela est. (*Un grand silence; puis violemment.*) Allez-vous-en. (*Prenant sa mère par la main.*) Ma mère...
toi aussi, Lucile.

LA COMTESSE.

— Mon enfant, prends garde, prends garde!

GEORGES, *terrible*.

— Allez vous-en tous. (*Il les fait sortir.*)

DE BRIVES.

— Que veux-tu faire?

GEORGES.

— Il faut que je lui parle. J'ai besoin d'être seul avec elle.

SCÈNE XV

MARIE, GEORGES.
(*Il a fermé la porte, et lorsqu'il se retourne, Marie est à deux genoux devant lui.*)

MARIE.

— Pardon.

GEORGES.

— Dis-moi vite... cette maison où je t'ai conduite, l'autre jour, Chaussée-d'Antin, à qui est-elle ? Chez qui allais-tu ? Tu ne donnais pas de leçons, pas plus là qu'ailleurs.... Alors cet argent, que tu affirmais gagner, d'où venait-il? Il faut me le dire, pour que je le rende.

MARIE, *avec une expression déchirante.*

— J'ai mal.

GEORGES.

— Oui, tu as mal, mais je veux une réponse. Chez qui allais-tu quand je te croyais à Saint-Germain? Tu n'as pas de sœur; tu n'as pas d'amis, personne ne te connaît. D'où venaient ces fleurs, ce bracelet, tes toilettes?

MARIE.

— Pardon, mon Geo.

GEORGES.

— Tu m'as trompé, tu as trompé ma mère; tu m'as menti à toutes les heures, à tous les instants. Tu connaissais ma vie, et je ne savais rien de la tienne. Rien, pas même ton nom; car il n'est pas à toi, je suppose, le nom que tu portais. Ah! la menteuse, la menteuse.... Il avait bien

raison, Olivier ! Toutes les femmes sont
des menteuses

MARIE.

— Dieu ! que j'ai mal.

GEORGES, *lui prenant les mains.*

— Oh ! tu ne mourras pas sans me
répondre. D'abord, de quoi meurs-tu ?
Pourquoi ? Qui es-tu ? D'où viens-tu ?
Qu'es-tu venue faire dans mon existence ?

Mais parle donc, parle donc, dis-moi quelque chose. (*Il la secoue.*)

>   MARIE, *lui baisant les mains plusieurs fois.*

— Pardon.
(*Elle tombe à terre et ne bouge plus.*)

>   GEORGES, *penché sur elle, et se relevant affolé.*

— Au secours! Au secours!

SCÈNE XVI

Les Mêmes, JACQUES OLIVIER.

Georges.

— Olivier! (*Il se jette sur son cœur.*) Ah!
mon ami.... Morte dans le mystère! Morte

dans le mensonge.... Je la perds pour toujours et je ne sais pas qui elle est.

Jacques Olivier, *regardant Marie, étendue toute blanche, la tête sur le fauteuil.*

— Ça?... c'est ma femme!

Rideau.

FIN

ALPHONSE DAUDET

L'Obstacle

Pièce en 4 Actes

ILLUSTRATIONS

de Bieler, Gambard, Marold et Montégut.

19.

ALPHONSE DAUDET

Tartarin

Tarascon

Du même auteur :

TARTARIN SUR LES ALPES. *Nouveaux exploits du
héros Tarasconnais* Illustré par Rossi, Aranda, Myrbach,
Montenard et Beaumont. . . . . 1 vol.

ALPHONSE DAUDET

Port-Tarascon

DERNIÈRES AVENTURES
DE
L'Illustre Tartarin

ILLUSTRATIONS DE

**MM. Aranda, de Beaumont, Girardot, Montegut
Montenard, Myrbach, Picard, Rossi, etc.**

ALPHONSE DAUDET

Jack

Édition complète en un volume

ILLUSTRÉ

PAR MYRBACH & ROSSI

Rose et Ninette

MOEURS DU JOUR

Avec un frontispice de **MAROLD**

LONGUS

Daphnis et Chloé

ILLUSTRATIONS

DE

LUIGI, ROSSI ET CONCON

ÉMILE ZOLA

La Faute de l'Abbé Mouret

ILLUSTRATIONS

de Bieler, Conconi et Gambard.

Sapho

PAR

ALPHONSE DAUDET

ILLUSTRATIONS

DE

ROSSI, MYRBACH, ETC

ALPHONSE DAUDET

Trente ans de Paris

Du même auteur :

SOUVENIRS D'UN HOMME DE LETTRES. Illust.
de Bieler, Montégut, Myrbach, Rossi, etc. . . . .   1 vol.

CAMILLE FLAMMARION

Uranie

ILLUSTRATIONS

de Bayard, Bieler, Falero, Gambard, Myrbach et Riou.

VICTOR HUGO

Notre-Dame de Paris

DEUX VOLUMES

Illustrés par Rossi, Myrbach, Bieler.

CAPITAINE DANRIT

LA GUERRE DE DEMAIN

La Guerre de Forteresse

Illustrations de **PAUL de SEMANT**

DEUX VOLUMES

LA GUERRE DE DEMAIN

La Guerre en Rase Campagne

Illustrations de **PAUL de SÉMANT**

DEUX VOLUMES

CAPITAINE DANRIT

LA GUERRE DE DEMAIN

La Guerre en Ballon

Illustrations de **PAUL** de **SÉMANT**

DEUX VOLUMES

20.

EUGÈNE CHAVETTE

LES PETITES COMÉDIES DU VICE

Du même auteur :

LES PETITS DRAMES DE LA VERTU, deuxième série des *Petites Comédies du vice*, eau-forte et dessins de Kauffmann (20ᵉ mille) . . . . 1 vol.

LES BÊTISES VRAIES, pour terminer les *Petites Comédies du vice*, eau-forte et dessins de Kauffmann (16ᵉ mille). 1 vol.

LA VIE DE CASERNE

LE TRAIN DE 8 h. 47

PAR

GEORGES COURTELINE

Illustrations de Steinlen & Durvis.

HUGUES LE ROUX

Au Sahara

ILLUSTRÉ

d'après des photographies de l'Auteur

GRAVÉES

PAR

PETIT & Cie

HECTOR MALOT

Mariage Riche

ILLUSTRATIONS

DE

DUEZ, FRAIPONT,

JEANNIOT

GUY DE MAUPASSANT

CONTES

DU

JOUR & DE LA NUIT

Illustrations

DE

PAUL COUSTURIER

Du même auteur :

TOINE. Illustrations de Mesplès . . . 1 vol.

GUY DE MAUPASSANT

Sur l'Eau

DESSINS DE RIOU

Gravure de Guillaume Frères.

MONTET (JOSEPH)

CONTES PATRIOTIQUES. Illustrations de Béraud,
Chaperon, Caran d'Ache, Willette, etc. . . . . 1 vol.

Du même auteur :

MONSTRES PARISIENS. Eau-forte et illustrations de Besnier. . . . . 1 vol.
LE SOLEIL DE PARIS. Illust. de Métivet. . 1 vol.

RENÉ MAIZEROY

Lalie Spring

Nouvelle Édition

OCTAVE PRADELS

POUR DIRE ENTRE HOMMES

ARMAND SILVESTRE

VIENT DE PARAITRE

Du même auteur :

LE CÉLÈBRE CADET-BITARD, Illustrations de Fraipont. 1 vol.

Du même auteur :

NOUVEAUX MÉMOIRES des Autres
Illustrations de Léandre. . . . 1 volume.

Marquis G. DE CHERVILLE

NOUVEAUX CONTES

D'UN

Coureur des Bois

ILLUSTRATIONS DE G. HORBER

YANN NIBOR

CHANSONS

ET

Récits de Mer

Préface de Pierre LOTI

Collection in-18 à 3 fr. 50 le volume (*franco*).

NOUVEAUTÉS DIVERSES :

Aicard (Jean). *L'Ibis Bleu*, roman.. . . . . 1 vol.

Armelin (G.). *La Gloire des Vaincus*, poèmes patriotiques . . . . 1 vol.

Barbier (E.). *Voyage au Pays des Dollars* . . . . . . 1 vol.

Berry (A.). *En l'An* 2000, roman humoristique.. . . . . 1 vol.

Busnach (W.). *Vain Sacrifice*, roman.. . . . . 1 vol.

Cahu (Th.). *Loulette voyage*.. . . . . 1 vol.

Caters (L. de). *Revanche d'amour*, roman. . . . . . . 1 vol.

Drumont (Édouard). *Mon vieux Paris*. Cent dessins de G. Coindre.. . . . . 1 vol.

Flammarion (Mme B.). *Les Idées d'Odette*, roman moral. 1 vol.

Gérard (Dr J.). *Le Médecin de! Madame*, roman professionnel.. . . . . 1 vol.

Grosclaude. *Potins de partout*. . . . . 1 vol.

Lanusse (L'abbé). *Vingt Minutes dans la vie d'un peuple*. 1 vol.

Lheureux (P.). *Une Langue*, satire. . . . . 1 vol.

Malot (H.). *Complices*, roman. . . . . 1 vol.

Michelet (J.). *Sur les Chemins de l'Europe*. . . . . . 1 vol.

Pont–Jest (René de). *L'Agence Blosset*, roman. . . . . 1 vol.

— *Les Lettres volées*, roman.. . . . . 1 vol.
Formant la série des Maîtres chanteurs.

Pradels (O.). *Contes joyeux et Chansons folles*. Illustrations de Kauffmann . . . . 1 vol.

Puybarraud (G.). *Malfaiteurs de profession*. Illustration d'Edmond Gras. 1 vol.

Roger-Milès. *Nos Femmes et nos Enfants*, préface de M. Legouvé de l'Académie française . . . . 1 vol.

Sales (Pierre). *Femme et Maîtresse*, roman. . . . . . 1 vol.

— *Marthe et Marie*, suite et fin de *Femme et maîtresse*. 1 vol.

Saxebey (G.). *Cœurs passionnés*, roman. . . . . 1 vol.

Tournier (A.). *Gambetta*, souvenirs anecdotiques . . . . 1 vol.

Valentin (E.). *Dangereuse conquête*, roman. . . . . . . 1 vol.

Vautier (Mme C.). *Hélène Dalton*, roman.. . . . . 1 vol.

9 782329 571164